생각이 자라는 소프트웨어

팅커캐드로
3D 입체 만들기

생각이 자라는 소프트웨어

팅커캐드로 3D 입체물 만들기

초판 발행일 | 2016년 06월 15일

저자 | 해람북스 기획팀

펴낸이 | 박재영

총편집인 | 이준우

기획진행 | 허재훈

㈜해람북스 **주소** | 서울시 마포구 월드컵북로1길 30, 302호 (서교동, 동보빌딩)

문의전화 | 02-6337-5419 **팩스** 02-6337-5429

홈페이지 | http://www.hrbooks.co.kr

발행처 | (주)해람북스 **출판등록번호** | 제2013-000285호

ISBN 979-11-5892-020-3

이 책의 구성

제목 및 발문

이 단원에서 무엇을 만들게 될 지를 설명합니다.

학습목표

이 단원에서 앱인벤터를 배우게 될 목표를 이해하고 화면 구성을 익히 게 됩니다.

한걸음더

앱이 어떤 형태로 실행되고 동작되는지를 간략하게 설명합니다.

Tip

따라하기를 하면서 추가적으로 설명될 내용이나 참고 가 될 내용을 설명합니다.

생각 더하기

단원의 예제를 따라한 후 추가적인 기능 설명을 위해 생각해보고 직접 만들어 보는 코너입니다.

차 례 CONTENTS

생각이 자라는 소프트웨어

팅커캐드로
3D 입체물
만들기

01 팅커캐드 실행하기

간단한 회원가입만 하면 누구나 사용할 수 있는 웹 프로그램으로써, 쉬운 조작법에 비해 매우 정밀하고 복잡한 형태까지 만들 수 있는 팅커캐드를 배워 봅시다.

학 습 목 표

✓ 인터넷 웹브라우저나 크롬을 실행해 회원가입 및 로그인을 할 수 있습니다.

✓ 팅커캐드의 화면구성을 확인할 수 있습니다.

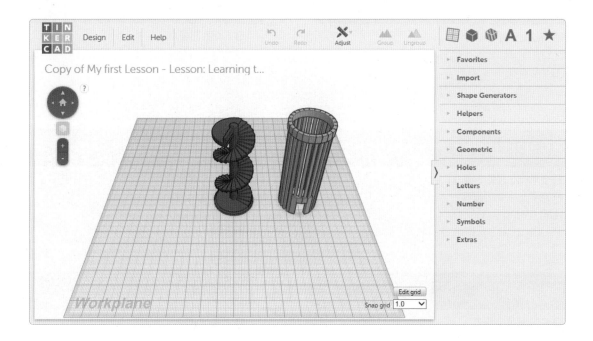

별도의 설치가 필요 없이 인터넷만 연결되어 있으면 사용이 가능한 팅커캐드는, 쉬운 조작법에 비해 매우 정밀하고 복잡한 형태까지 만들 수 있어 3D 모델링 초보자들의 입문 프로그램으로 제격이라 할 수 있습니다.

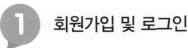 **회원가입 및 로그인**

팅커캐드는 인터넷 웹브라우저나 크롬을 이용해 간단한 회원가입만 하면 누구나 사용할 수 있는 프로그램입니다.

❶ 인터넷 웹브라우저나 크롬에서 'www.tinkercad.com'으로 접속한 후 홈페이지 화면 중앙에 있는 [Start Tinkering now] 클릭합니다.

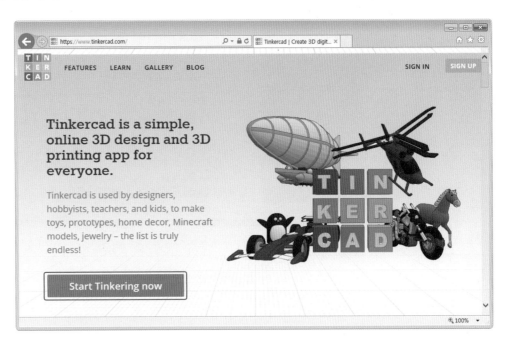

- 홈페이지 우측 상단에 [SIGN UP]을 클릭해 회원가입을 진행 할 수 있습니다.
- 가입을 이미 했다면 [SIGN IN]을 클릭한 후 아이디와 비밀번호를 입력 후 로그인 합니다.

❷ 회원가입 창이 열리면 국가 및 생년월일을 입력한 후 다음을 클릭합니다.

❸ 정보 입력 창이 열리면 [사용자 이름], [암호], [부모님의 전자 메일]을 입력한 후 계정 작성을 클릭합니다.

Tip

미성년자인 경우에는 부모님의 메일을 이용하여 가입 할 수 있습니다.

❹ 가입 진행이 완료되면 팅커캐드가 자동으로 실행됩니다.

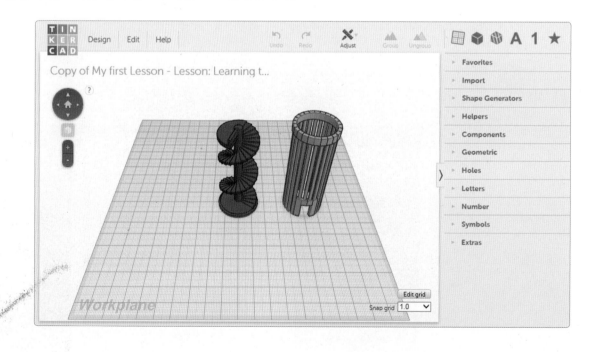

❺ 가입 후 [SIGN IN]을 클릭하면 아이디와 암호를 입력하는 창이 나타납니다. 아이디와 암호를 입력합니다.

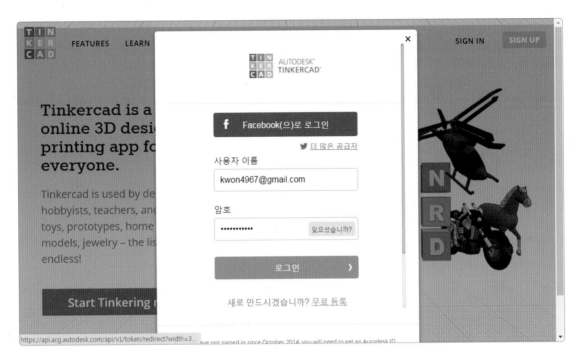

❻ 로그인을 하면 본인의 프로필 화면이 나타납니다. 작업을 하기위해서 [Create new design]을 클릭합니다.

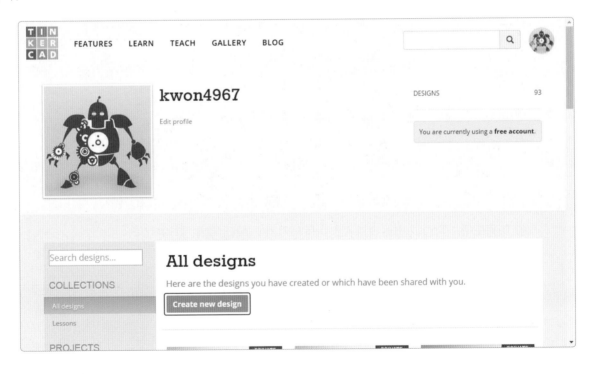

2 화면구성

팅커캐드의 화면구성과 메뉴들의 기능에 대해 배워봅시다.

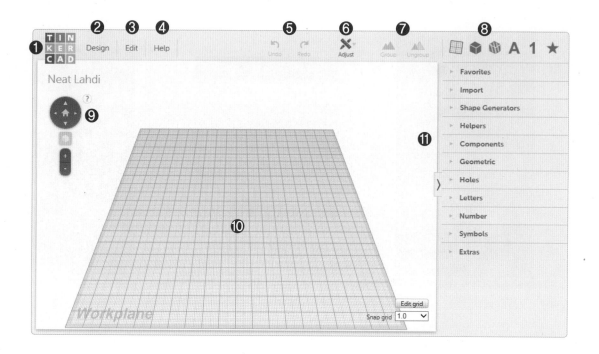

❶ **Tinkercad 로고** : 로고를 클릭하면 본인의 프로필로 이동합니다.

❷ **Design** : 파일을 새로 만들거나 파일을 저장합니다.

❸ **Edit** : 선택한 도형을 복사하거나 변형 또는 삭제할 수 있습니다.

❹ **Help** : 도움말과 교육 동영상을 시청할 수 있습니다.

❺ **Undo/Redo** : 작업을 취소하거나 다시 실행할 수 있습니다.

❻ **Adjust** : 선택한 도형들을 정렬하거나 방향을 바꿀 수 있습니다.

❼ **Group/Ungroup** : 선택한 도형들을 묶어 하나의 그룹으로 만들거나 해제할 수 있습니다.

❽ **Shapes** : 선택한 분류에 해당하는 도형들을 목록으로 표시합니다.

❾ **이동도구** : 작업 화면을 좌/우로 이동시키거나 확대/축소 할 수 있습니다.

❿ **Workplane** : 도형들을 삽입하여 작업하는 공간입니다.

⓫ **도형 모음** : 각 분류에 해당하는 도형과 모양들을 표시합니다. 메뉴 중앙의 화살표로 감췄다
나타났다 할 수 있습니다.

02 팅커캐드 따라하기

도형을 삽입하는 법과 삽입한 도형의 색을 변경하는 법을 배워봅시다.

학 습 목 표

✅ 도형을 삽입해 볼 수 있습니다.

✅ 삽입한 도형에 색을 변경할 수 있습니다.

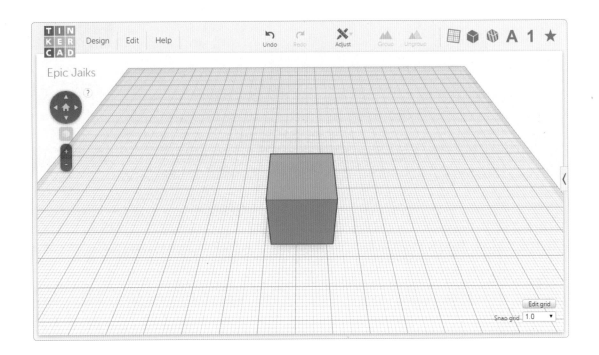

한 걸음 더

● 여러 가지 도형을 삽입하고 내가 원하는 색으로 변경할 수 있습니다.

● 정확한 값을 이용해 색상을 변경 할 수 있습니다.

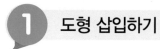

도형 삽입하기

원하는 도형을 선택해 작업화면으로 이동하는 법을 알아보겠습니다.

❶ 팅커캐드 오른쪽 툴바에서 [Geometric]을 클릭하면 여러 가지 도형들이 표시됩니다.

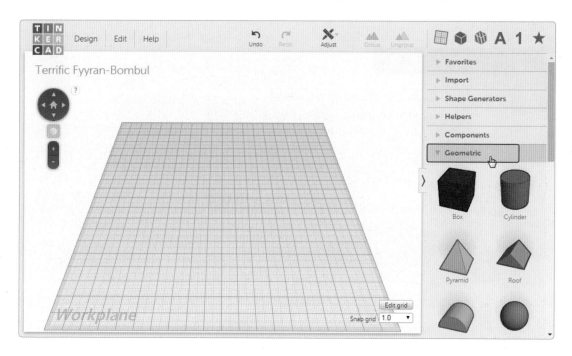

❷ 표시된 도형들 중에서 [Box]를 클릭한 후 마우스를 [Workplane]로 이동시켜 삽입할 위치를 선택한 후 마우스를 클릭하면 도형이 삽입됩니다.

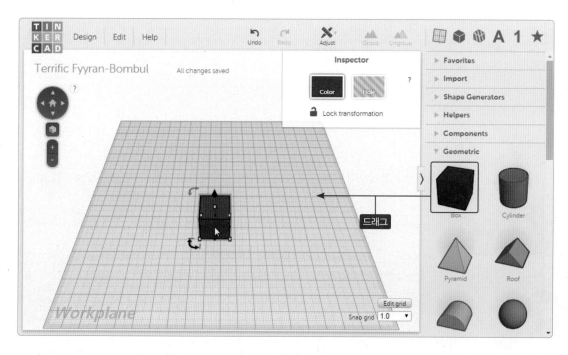

2 색 바꾸기

삽입한 도형을 선택해 색상을 변경하는 법을 알아보겠습니다.

❶ 삽입한 도형을 선택한 후 [Inspector] 대화상자에서 [Colcr] 메뉴를 클릭합니다.

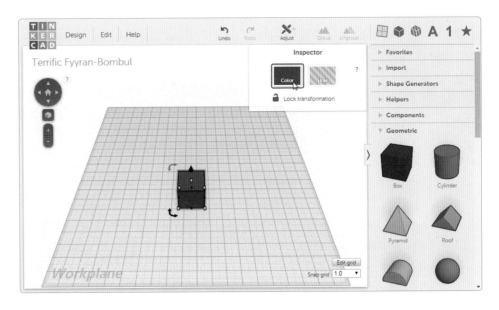

❷ 색 목록 대화상자가 표시되면 원하는 색을 클릭하여 색을 변하할 수 있습니다.

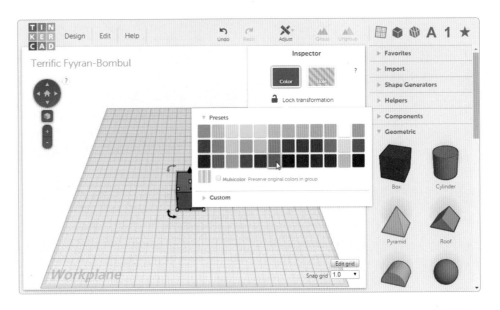

다양한 색을 원한다면, [Custom]을 클릭하여 값을 지정해 색을 바꿀 수 있습니다.

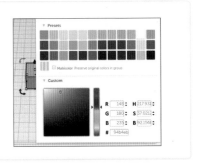

03 팅거캐드 활용하기

도형을 삽입해 위치를 이동시켜 크기를 변형하거나 회전시키는 법을 배워봅시다.

[Ruler]를 이용해 도형을 이동시키거나 크기를 변경하는 방법을 배워봅시다.

학 습 목 표

✅ 삽입한 도형의 위치를 이동하거나 회전시킬 수 있습니다.

✅ [Ruler]를 이용해 도형을 이동시키거나 크기를 변경할 수 있습니다.

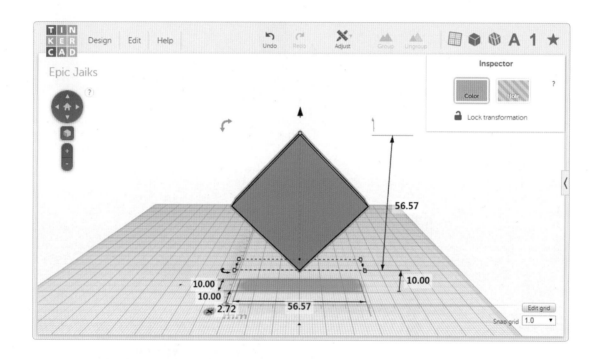

 한 걸음 더

● 도형을 삽입하여 위치를 변경시키고 크기를 내가 원하는 대로 변경하여 여러 가지의 모형을 만들 수 있습니다.

● 도형을 회전시켜 필요한 부분에 도형들을 결합해 모형을 만들 수 있습니다.

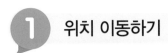 **위치 이동하기**

도형을 삽입한 후 위치를 이동해 보겠습니다.

❶ 삽입한 도형을 마우스 왼쪽 버튼으로 클릭한 상태에서 마우스를 드래그 하여 이동합니다.

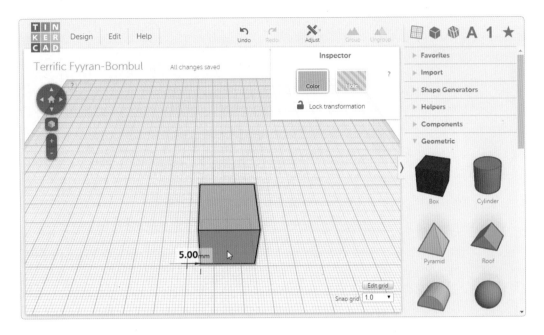

❷ 선택한 도형의 윗부분의 검은색 화살표를 클릭한 상태에서 마우스를 드래그 하여 이동합니다.

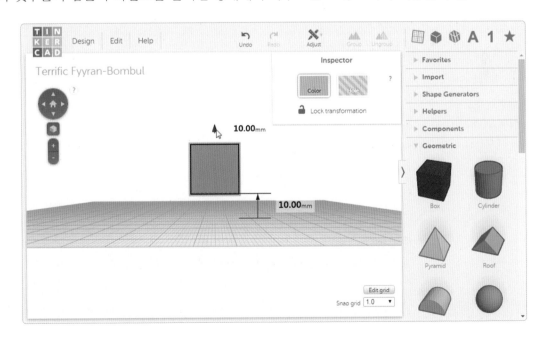

- 화면의 왼쪽 화살표를 클릭해 화면을 회전 시킬 수 있습니다.
- 마우스 오른쪽 버튼을 클릭한 상태에서 드래그하여 화면을 회전 시킬 수 있습니다.
- 화면의 왼쪽 '+, −' 버튼이나 마우스 휠 버튼을 이용해 확대하거나 축소 할 수 있습니다.

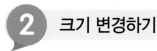

2 크기 변경하기

이동시킨 도형의 크기를 변경해보겠습니다.

❶ 선택한 도형의 모서리의 흰색 점을 클릭한 후 드래그하여 크기를 변경합니다.

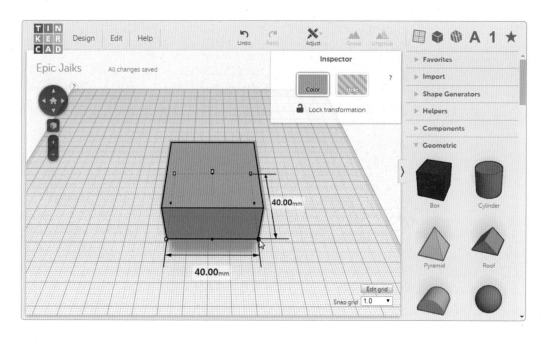

❷ 선택한 도형의 윗부분의 흰색 점을 클릭한 후 드래그하여 크기를 변경합니다.

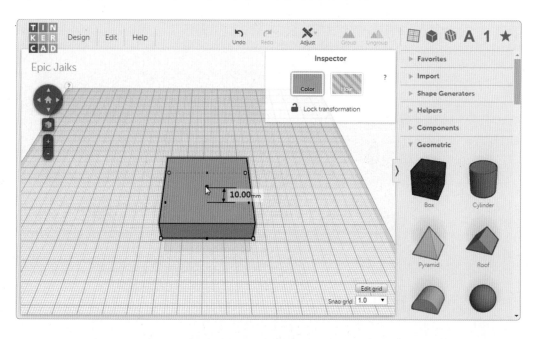

- [Workplane]의 한 칸이 1mm이므로 이동시에 표시되는 숫자를 보고 원하는 만큼 이동할 수 있습니다.
- 도형의 크기를 변경할 때 **Shift**를 누른 상태에서 변경하면 같은 비율로 크기를 변경 할 수 있습니다.

③ 도형 회전하기

도형의 크기를 변경한 후 회전시켜보겠습니다.

❶ 삽입한 도형을 선택하면 도형 모서리 부분에 3개의 회전 화살표가 표시됩니다.

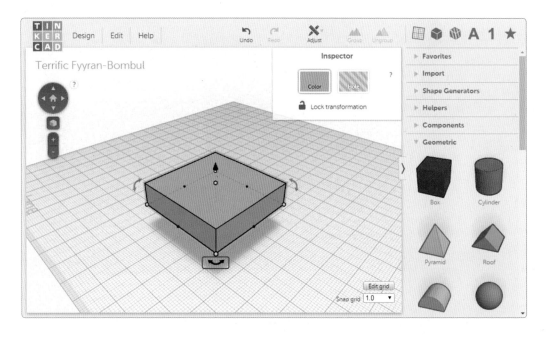

❷ 회전 화살표를 클릭하면 각도기가 표시됩니다. 회전 화살표를 클릭한 후 각도기에 나타나는 숫자를 확인하며 도형을 회전 시킵니다.

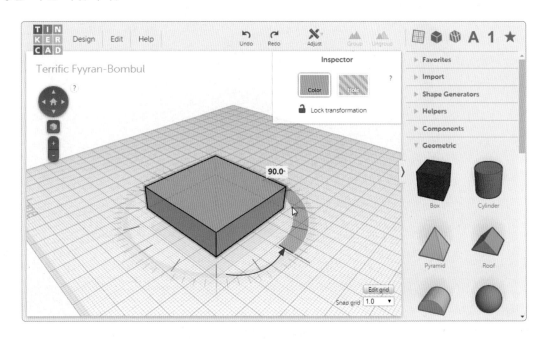

도형의 방향에 따라 회전 화살표가 보이지 않는 경우가 있으니 이동 도구를 이용해 작업 화면을 회전시키면 회전 화살표가 보입니다.

❸ 도형 오른쪽에 위치한 회전 화살표를 클릭해 도형을 회전 시킵니다.

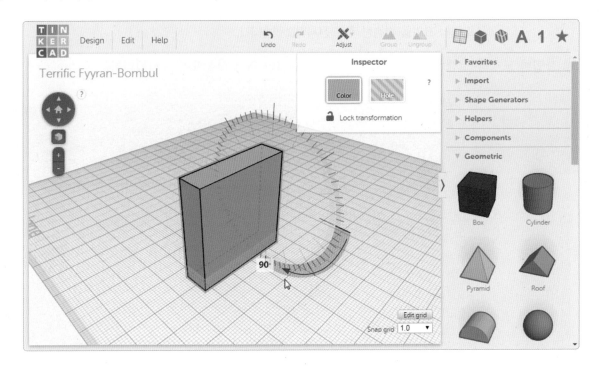

❹ 도형 왼쪽에 위치한 회전 화살표를 클릭해 도형을 회전 시킵니다.

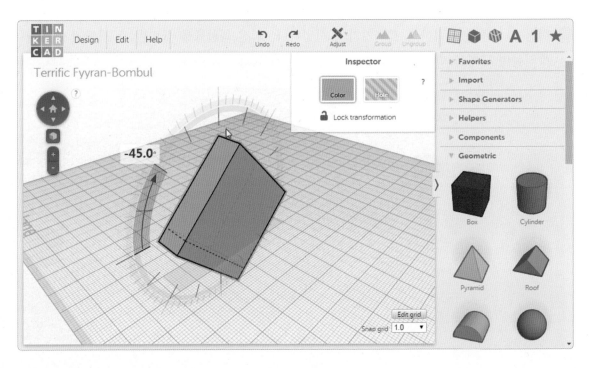

 Tip

각도기의 바깥 부분에 마우스를 가져가면 각도를 좀 더 세밀하게 조절 할 수 있습니다.

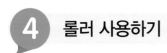

④ 롤러 사용하기

[Ruler]를 이용해 숫자를 입력해 도형을 이동시키거나 크기를 변경할 수 있습니다.

❶ 오른쪽 모양 모음에서 [Helpers]를 클릭한 후 [Ruler]를 선택합니다.

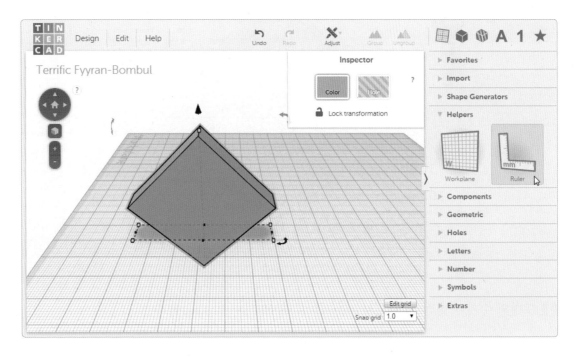

❷ [Ruler]를 [Workplane]로 가져오면 빨간색 점이 표시 됩니다. 빨간색 점을 도형이 있는 곳에서 보기 편한 곳에 위치한 후 클릭합니다.

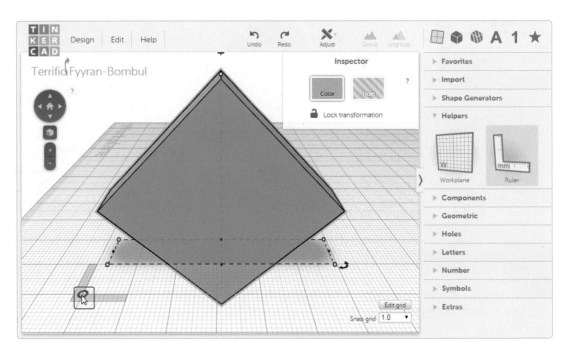

❸ [Ruler]를 [Workplane]에 설정하면 도형의 수치가 표시되고 [Ruler]와 도형의 간격도 표시 됩니다.

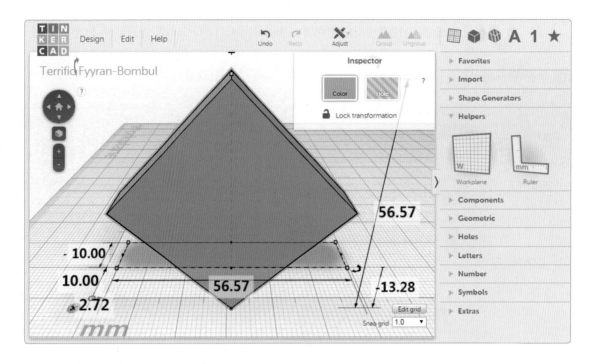

❹ 도형의 수치나 롤러와의 간격의 숫자를 클릭하면 수치를 입력할 수 있습니다.

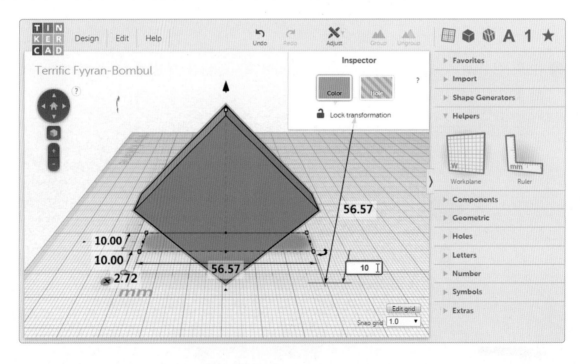

마우스를 이용해 크기를 변경하는 것보다 롤러를 이용하면 도형간의 간격이나 도형의 크기를 자신이 원하는 값을 입력해 변경할 수 있습니다.

04 반지 만들기

여러 가지 도형을 이용해 반지를 만드는 법을 배워 봅시다. 도형을 연결해
그룹을 설정하는 법을 배워 봅시다.

학 습 목 표

✓ 도형을 삽입하고 [Align]메뉴를 이용해 도형을 정렬할 수 있습니다.

✓ 도형을 정렬하고 합쳐 반지를 만들 수 있습니다.

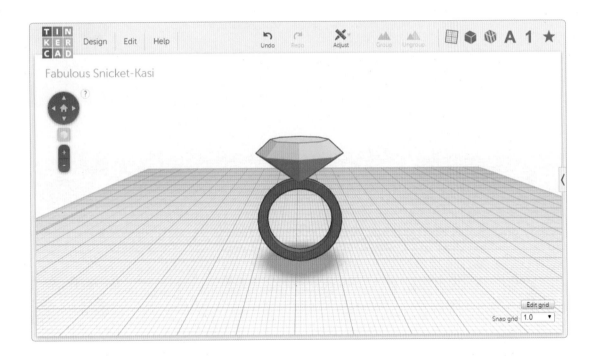

한 걸음 더

- [Align]메뉴를 사용해 도형을 정렬할 수 있습니다.
- [Group]메뉴를 사용해 도형을 합칠 수 있습니다.

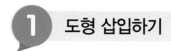

1 **도형 삽입하기**

❶ 도형모음에서 [Geometric]을 클릭한 후 [Tube thin]을 클릭하여 [Workplane]로 드래그하여 삽입합니다.

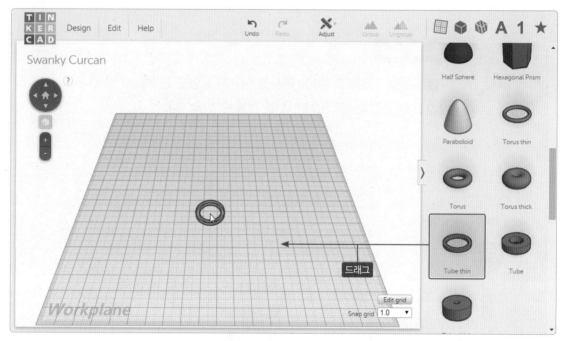

❷ 도형 오른쪽 위에 위치한 회전 화살표를 클릭해 도형을 그림과 같이 회전합니다.

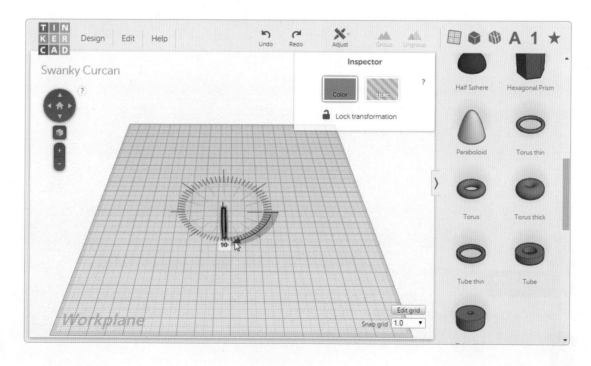

❸ 작업 화면을 회전시킨 후 도형을 [Workplane]와 간격이 '0'이 될 때까지 위로 올립니다.

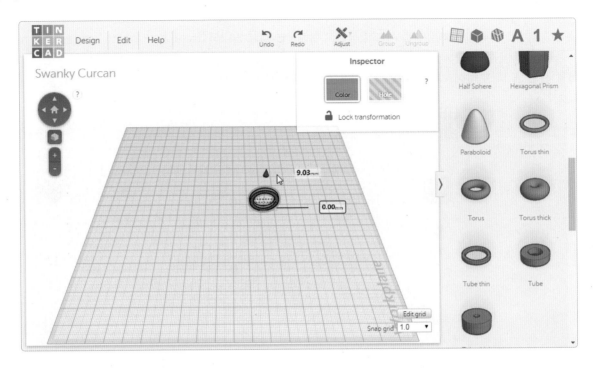

❹ 도형 모음에서 [Symbols]을 클릭한 후 [Diamond]을 클릭하여 [Workplane]로 드래그하여 삽입합니다.

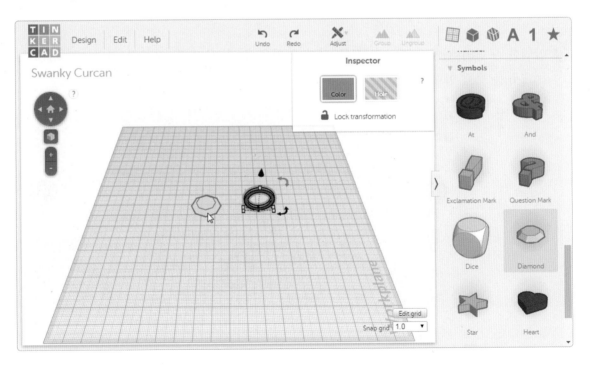

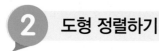 **도형 정렬하기**

[Align]메뉴를 사용해 도형을 정렬하는 법을 알아보겠습니다.

❶ 삽입한 두 도형이 다 선택되도록 마우스 왼쪽 버튼을 클릭한 후 드래그해 선택합니다.

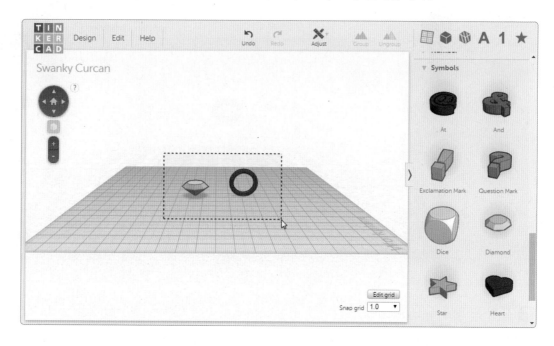

❷ 삽입한 도형의 위치가 잘 보이도록 작업 화면을 회전 시킨 후 오른쪽 상단 메뉴에서 [Adjust]에서 [Align]을 클릭 합니다.

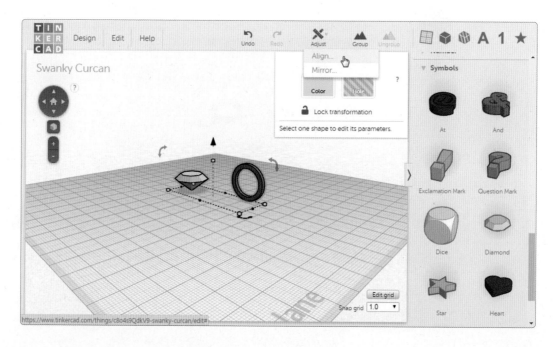

 Tip

도형을 삽입한 후 연결할 때 [Align]메뉴를 사용하면 삽입한 도형을 정렬할 수 있습니다.

❸ 도형 아래 표시된 선과 점 중 정렬하고 싶은 위치의 점 위에 마우스를 가져가면 점과 연결된 선에 도형을 정렬할 수 있습니다.

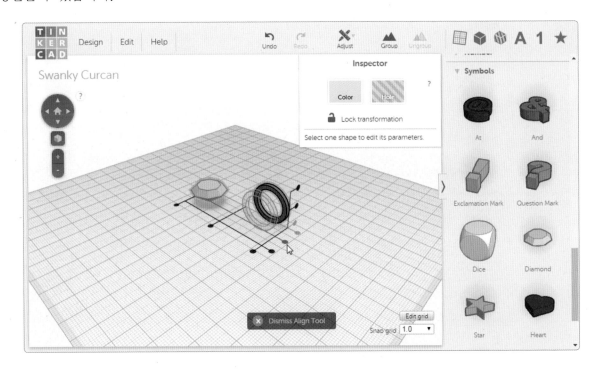

❹ 다이아몬드 도형을 클릭한 후 도형위에 위치한 검음 화살표를 클릭해 바닥에서 '20mm'가 되도록 이동시킵니다.

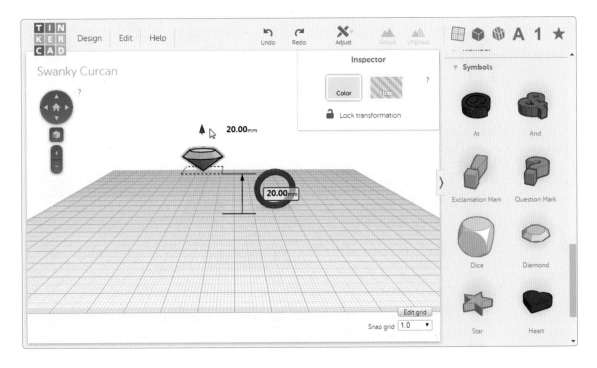

❺ 작업 화면을 회전 시킨 후 오른쪽 상단 메뉴에서 [Adjust]에서 [Align]을 클릭합니다.

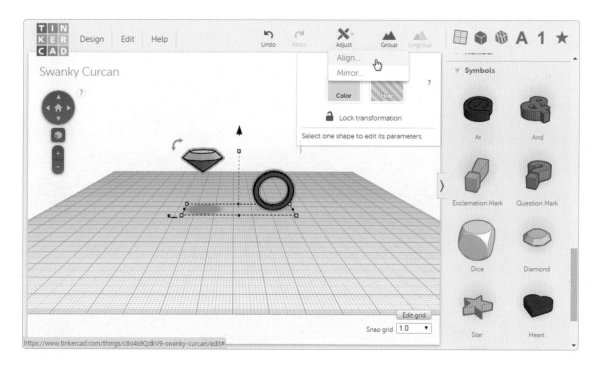

❻ 바닥의 표시되는 점을 이용해 그림과 같이 도형을 이동시킵니다.

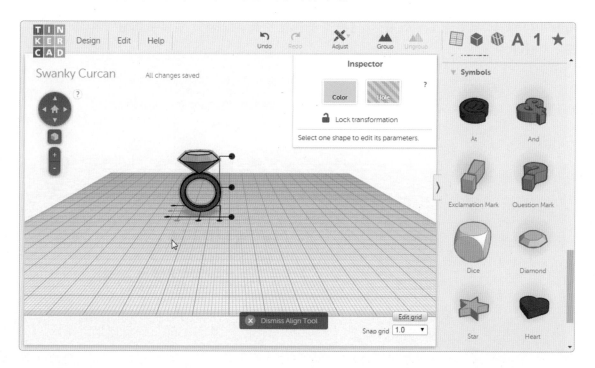

그룹 설정하기

[Group]메뉴를 사용해 도형을 합치는 법을 알아보겠습니다.

❶ 두 도형을 모두 선택한 후 오른쪽 상단 메뉴에서 [Group]을 클릭합니다.

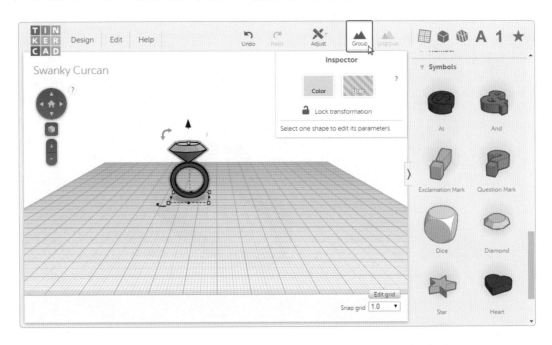

 Tip

그룹이 설정되면 도형의 색이 처음 선택한 도형의 색으로 변경 됩니다.

❷ [Color]을 클릭한 후 [Multicolor]을 클릭하면 도형의 색이 그룹 설정하기 전의 색으로 돌아갑니다.

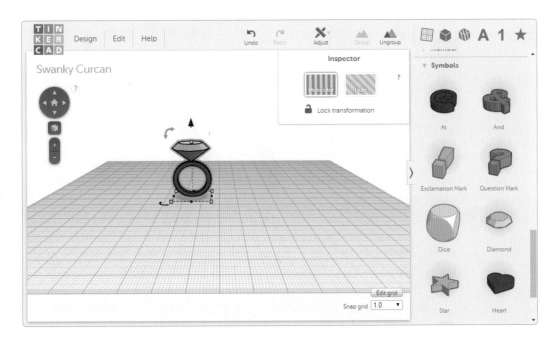

1 그림과 같이 반지를 만들어 보세요.

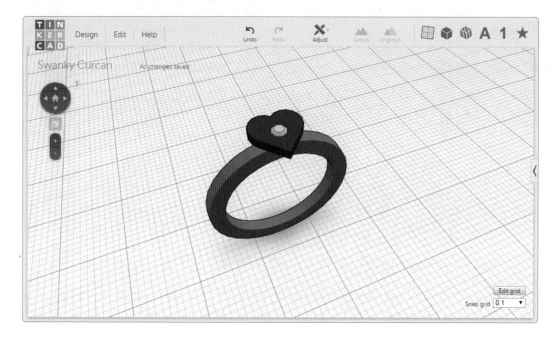

2 그림과 같이 반지를 만들어 보세요.

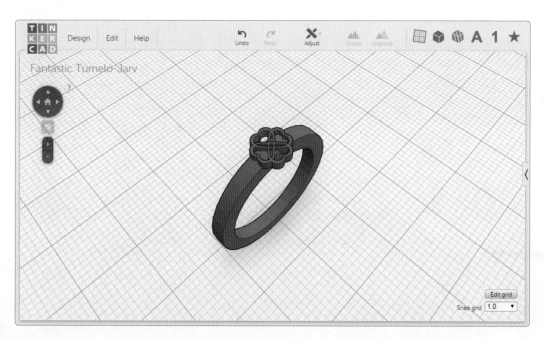

05 단추 만들기

도형을 삽입해 [Holes] 메뉴를 이용해 단추를 만들어 봅시다.

✔ [Hole] 메뉴를 이용하면 단추 구멍을 낼 수 있습니다.

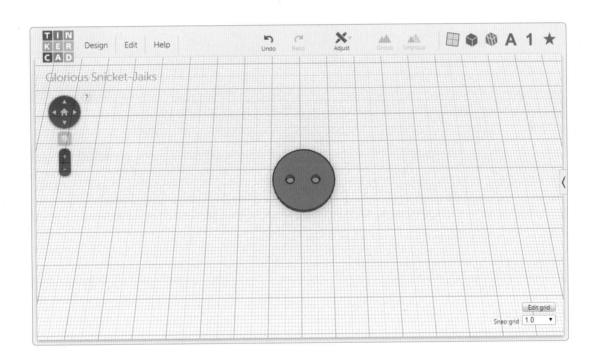

- [Align]메뉴를 사용해 도형을 정렬할 수 있습니다.
- [Hole] 메뉴를 이용하면 도형의 구멍을 낼 수 있습니다.

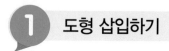
❶ 도형 모음에서 [Geometric]을 클릭한 후 [Cylinder]을 선택해 작업 화면에 드래그하여 삽입합니다.

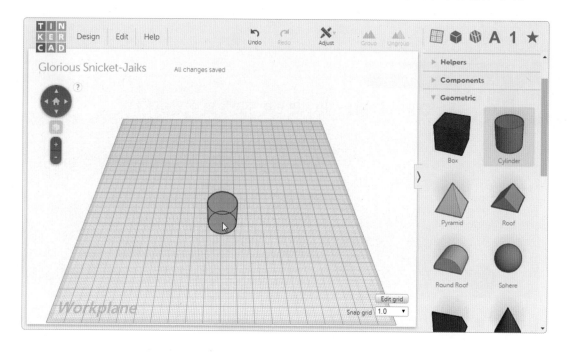

❷ 도형을 선택한 후 도형 상단 중앙에 위치한 흰점을 드래그하여 도형의 두께를 '2.00mm'로 크기를 줄입니다.

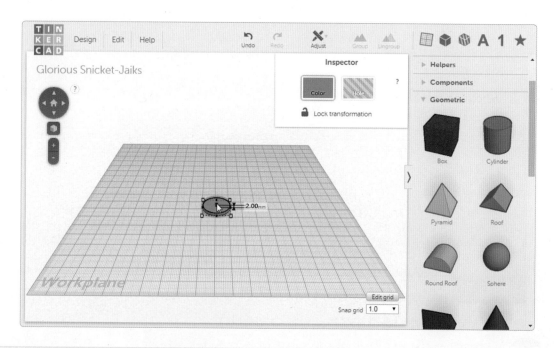

Tip

도형의 크기를 변경할 경우 도형 주위의 흰점을 이용해 크기를 변경하거나, 도형을 선택하고 [Helpers] 메뉴의 [Ruler]를 이용해 원하는 숫자를 입력하여 크기를 변경 할 수 있습니다.

❸ 도형 모음에서 [Geometric]을 클릭한 후 [Cylinder]을 선택해 작업 화면에 드래그하여 삽입합니다.

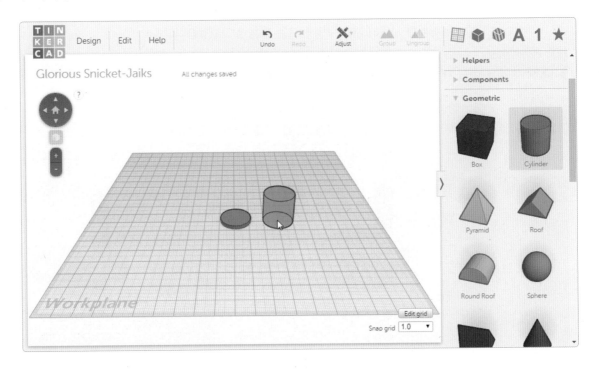

❹ 새로 삽입한 도형을 선택한 후 지름을 '3.00mm'로 변경합니다.

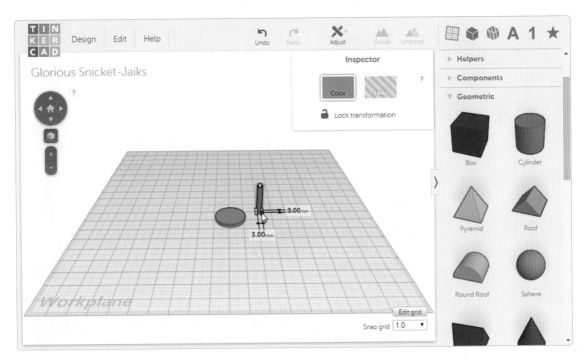

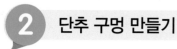

단추 구멍 만들기

[Hole]메뉴를 사용해 단추 구멍 만드는 법을 알아보겠습니다.

❶ 단추 구멍을 만들기 위해 두 번째 도형을 그림과 같이 이동합니다.

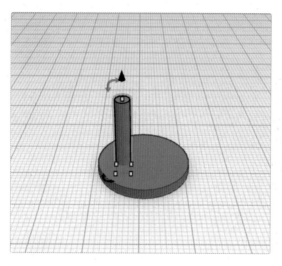 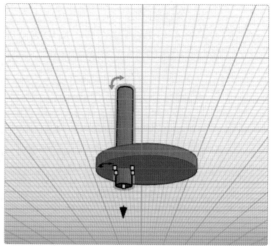

❷ 두 번째 도형을 선택한 후 Ctrl+C, Ctrl+V로 복사하여 원하는 위치로 이동합니다.

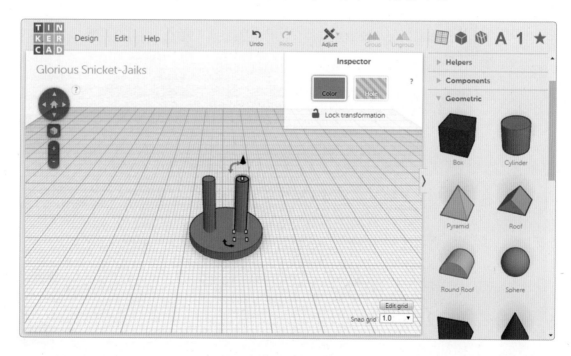

Tip
도형을 복사, 이동 한 후 [Adjust] 메뉴에서 [Align]을 이용하여, 도형을 정렬 할 수 있습니다.

❸ 단추 구멍을 만들 두 개의 도형을 선택한 후 오른쪽 상단의 [Inspector] 창에서 [Hole] 메뉴를 클릭합니다.

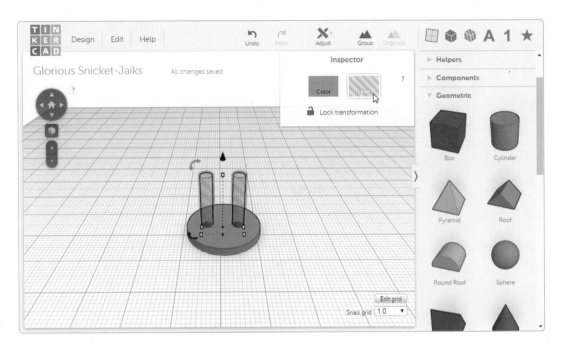

❹ 3개의 도형을 모두 드래그하여 선택합니다. 오른쪽 상단 메뉴에서 [Group]을 클릭합니다.

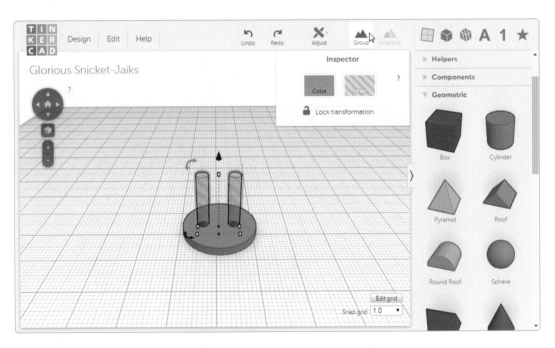

1 그림과 같이 단추를 만들어 보세요.

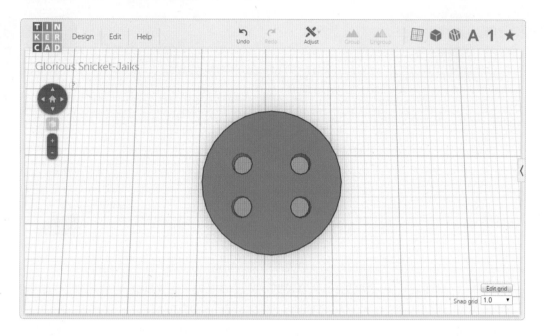

2 그림과 같이 단추를 만들어 보세요.

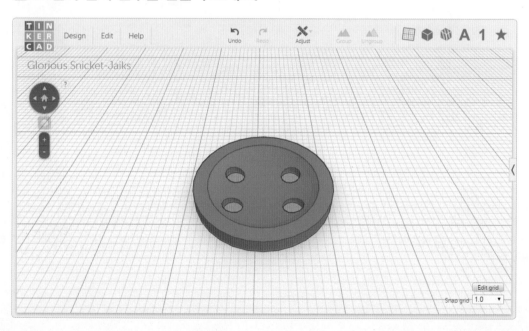

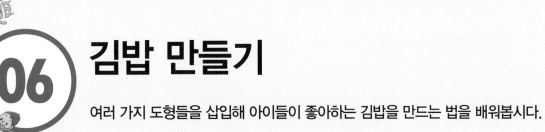

06 김밥 만들기

여러 가지 도형들을 삽입해 아이들이 좋아하는 김밥을 만드는 법을 배워봅시다.

학 습 목 표

✅ 도형을 삽입하고 크기를 변형해 김밥을 만들 수 있습니다.

✅ 배운 기능들을 복습해 볼 수 있습니다.

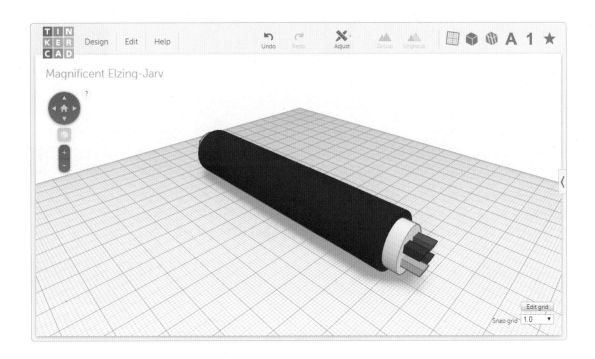

한걸음더

• [Ruler] 메뉴를 이용해 도형의 크기를 정확하게 조절할 수 있습니다.

• [Align] 메뉴를 사용해 도형을 정렬할 수 있습니다.

• [Group] 메뉴를 사용해 도형을 합칠 수 있습니다.

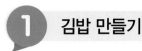

김밥 만들기

도형을 삽입하고 변형해 김밥을 만드는 법을 알아보겠습니다.

① 도형 모음에서 [Geometric]을 클릭한 후 [Cylinder]을 선택해 작업 화면에 드래그하여 삽입합니다.

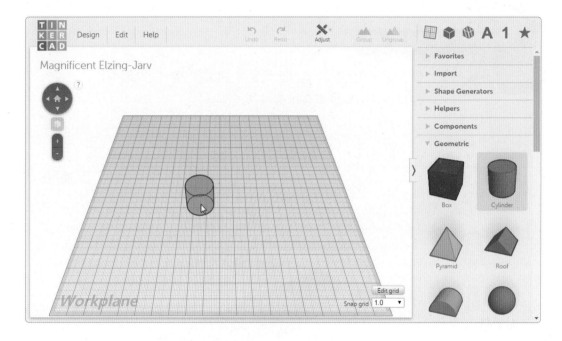

② 삽입한 도형을 그림과 같이 회전 시킨 후 크기를 '100.00mm'로 만듭니다.

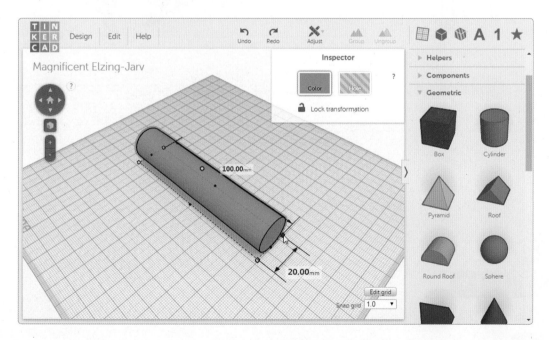

❸ 삽입한 도형의 색상을 검은색으로 변경 후 도형 모음에서 [Geometric]을 클릭한 후 [Cylinder]을 선택해 작업 화면에 드래그하여 삽입합니다.

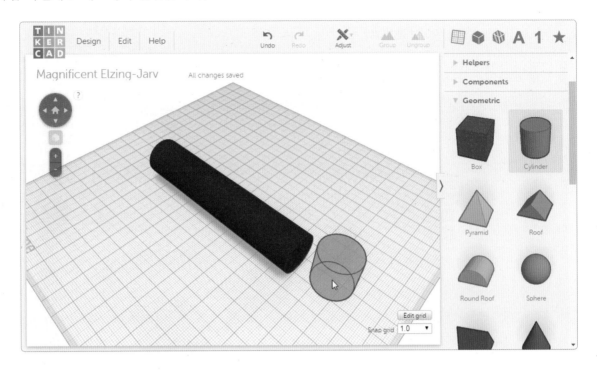

❹ 삽입한 도형을 그림과 같이 회전 시킨 후 크기를 '110.00mm', '14.00mm'로 변경하고 그림과 같이 도형을 삽입합니다. 색상은 흰색으로 변경합니다.

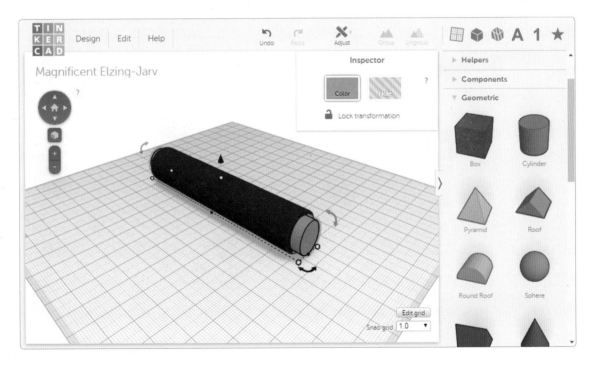

2 김밥 속 만들기

[Align]메뉴를 사용해 도형을 정렬하는 법을 알아보겠습니다. [Group]메뉴를 사용해 도형을 합치는
법을 알아보겠습니다.

❶ 도형 모음에서 [Geometric]을 클릭한 후 [Box]를 선택해 작업 화면에 드래그하여 삽입합니다.

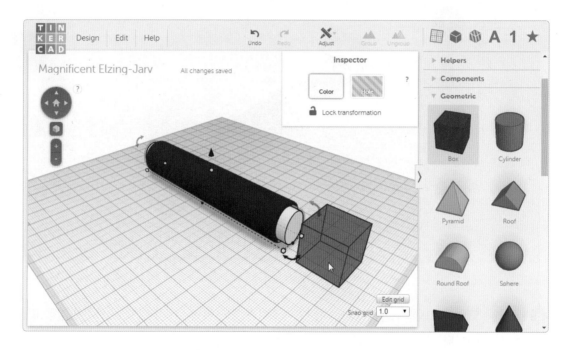

❷ 삽입한 도형의 크기를 '120.00mm', '3.00mm'로 변경하고 그림과 같이 도형을 삽입합니다.

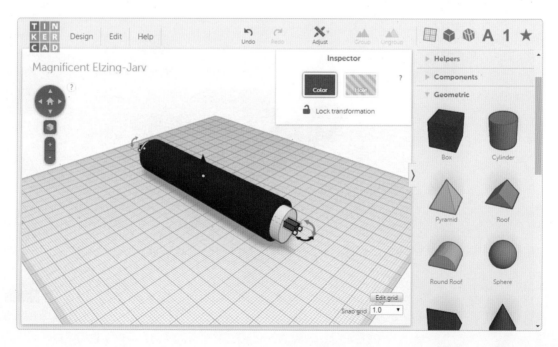

❸ 도형을 선택한 후 Ctrl+C, Ctrl+V로 복사하여 그림과 같이 이동합니다.

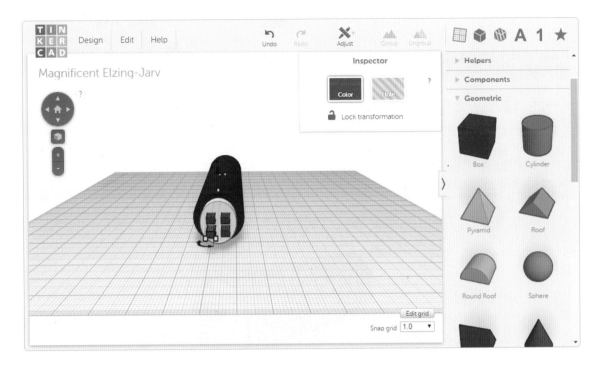

❹ 복사한 도형의 색상을 원하는 색으로 변경합니다.

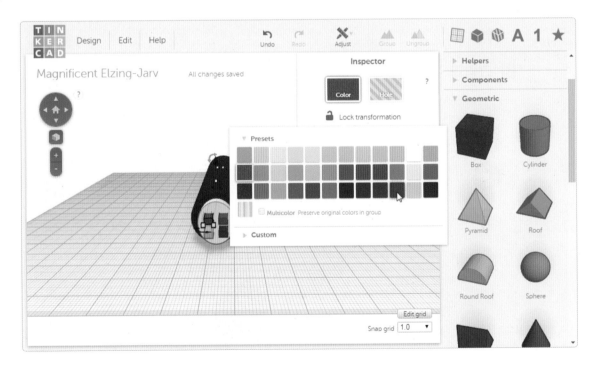

1 그림과 같이 김밥을 만들어 보세요.

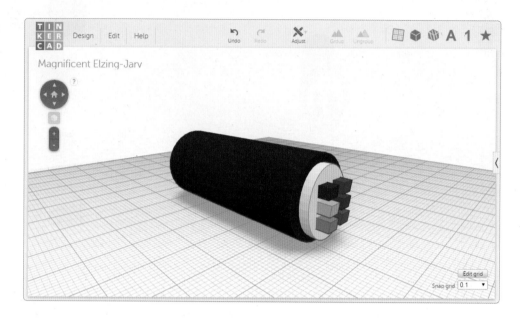

2 그림과 같이 김밥을 만들어 보세요.

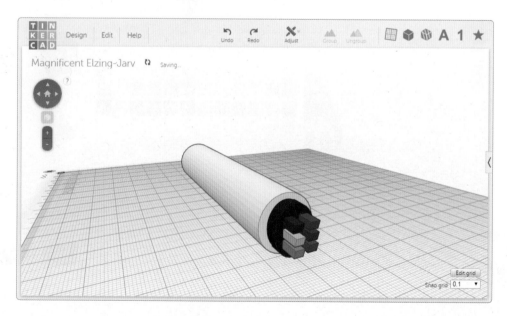

07 로켓 만들기

여러 도형들을 삽입해 로켓을 만드는 법을 배워봅시다. [Ruler] 메뉴와 [Align]
메뉴를 이용해 도형들을 정렬 해봅시다.

학 습 목 표

✓ [Ruler] 메뉴를 이용해 크기를 정확하게 조절할 수 있습니다.

✓ [Align] 메뉴를 이용해 도형을 정렬하여 로켓을 만들 수 있습니다.

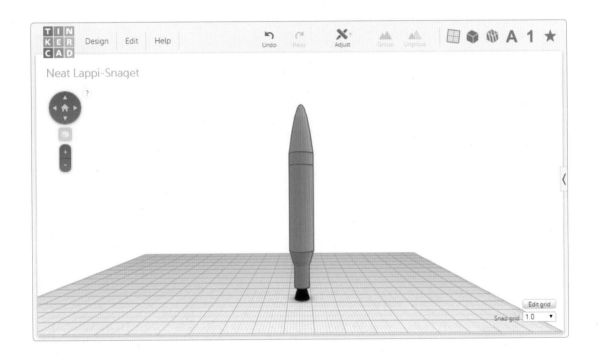

한 걸음 더

- [Ruler] 메뉴를 이용해 도형의 크기를 정확하게 조절할 수 있습니다.

- [Align]메뉴를 사용해 도형을 정렬할 수 있습니다.

- [Group]메뉴를 사용해 도형을 합칠 수 있습니다.

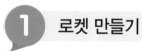

로켓 만들기

도형의 크기를 변경하고 정렬해 로켓을 만드는 법을 알아보겠습니다.

❶ 도형 모음에서 [Geometric]을 클릭한 후 [Paraboloid]을 선택해 작업 화면에 드래그하여 삽입합니다.

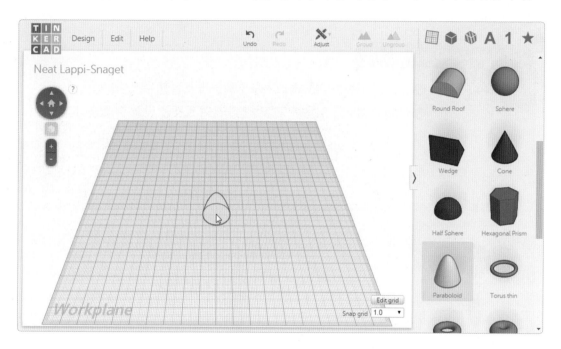

❷ 삽입한 도형의 지름을 '10.00mm'로 변경하고 [Ruler] 메뉴를 이용해 그림과 같이 이동합니다.

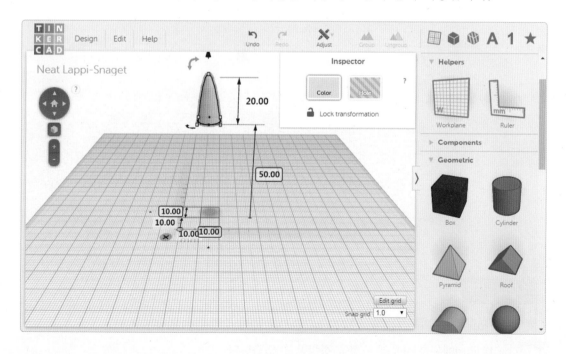

Tip

[Ruler] 메뉴를 이용하면 원하는 크기와 위치를 숫자를 입력하는 것으로 변경 할 수 있습니다.

❸ 도형 모음에서 [Cylinder]을 선택해 작업 화면에 드래그하여 삽입한 후 그림과 같이 크기를 변경합니다.

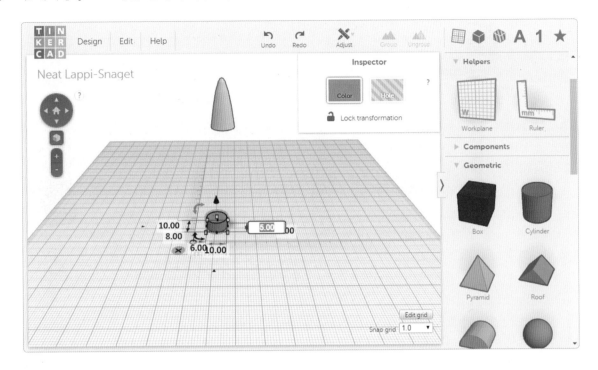

❹ 삽입한 도형의 높이를 그림과 같이 이동 한 후 [Adjust] 메뉴에서 [Align]을 이용하여, 도형을 정렬
합니다.

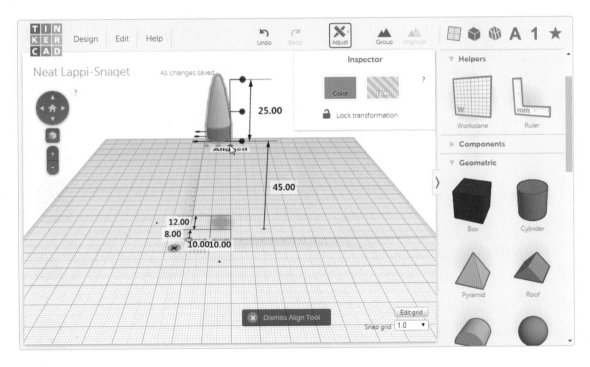

❺ 도형 모음에서 [Cylinder]을 선택해 작업 화면에 드래그하여 삽입한 후 그림과 같이 크기를 변경합니다.

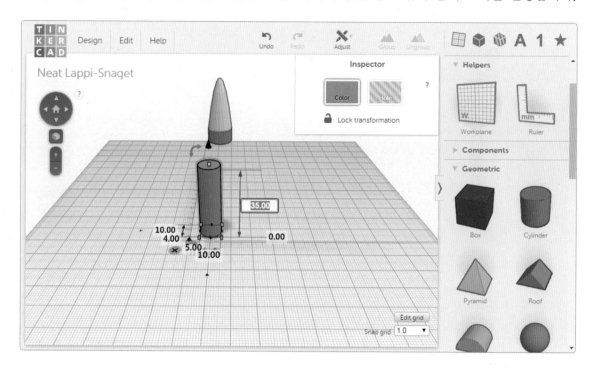

❻ 삽입한 도형의 높이를 그림과 같이 이동 한 후 [Adjust] 메뉴에서 [Align]을 이용하여, 도형을 정렬합니다.

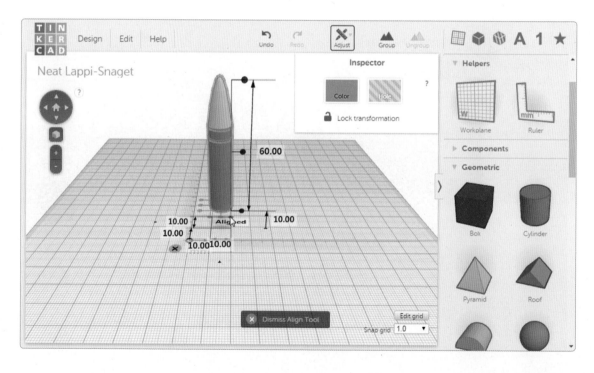

❼ 도형을 전체 선택 후 높이를 수정한 후 [Paraboloid]을 선택해 작업 화면에 드래그하여 삽입한 후 그림과 같이 크기를 변경합니다.

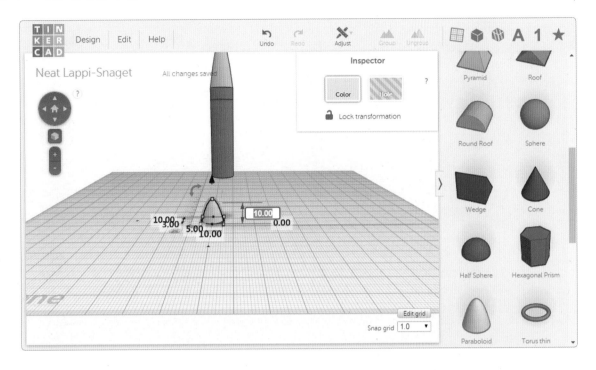

❽ 삽입한 도형의 높이를 그림과 같이 회전 한 후 이동시켜 [Align]을 이용하여, 도형을 정렬합니다.

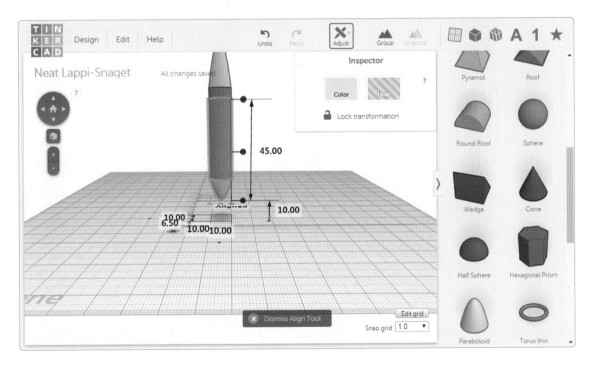

❾ 도형 모음에서 [Cylinder]을 선택해 작업 화면에 드래그하여 삽입한 후 그림과 같이 크기를 변경합니다.

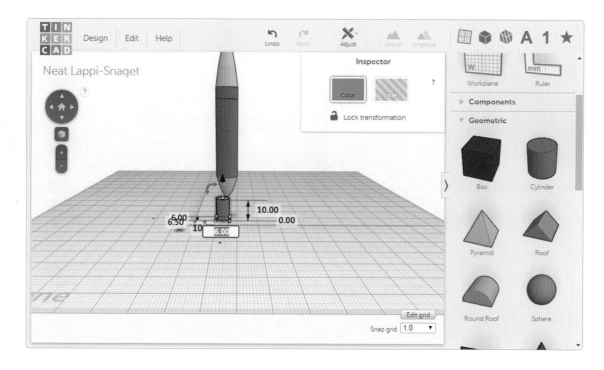

❿ 삽입한 도형의 높이를 그림과 같이 이동 한 후 [Adjust] 메뉴에서 [Align]을 이용하여, 도형을 정렬
합니다.

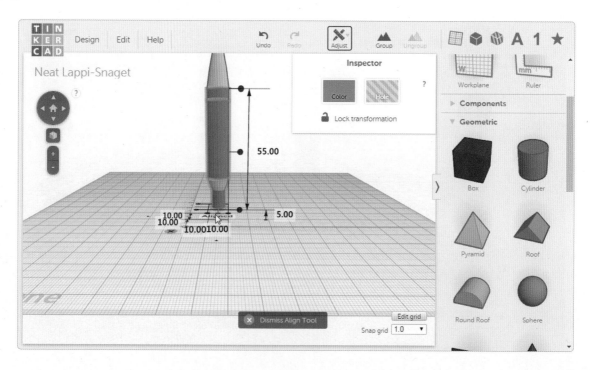

⑪ 도형 모음에서 [Cone]을 선택해 작업 화면에 드래그하여 삽입한 후 그림과 같이 크기를 변경합니다.

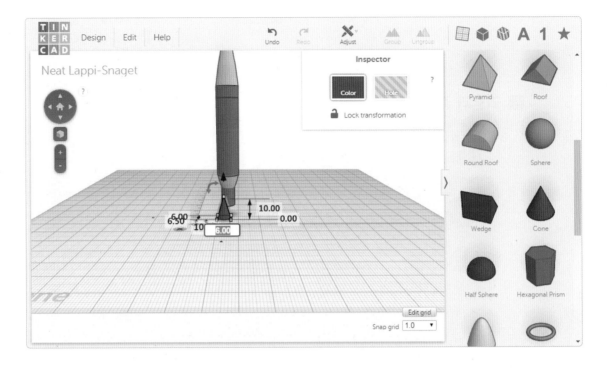

⑫ 삽입한 도형을 그림과 같이 이동 한 후 [Adjust] 메뉴에서 [Align]을 이용하여, 도형을 정렬합니다. 색상을 그림과 같이 변경합니다.

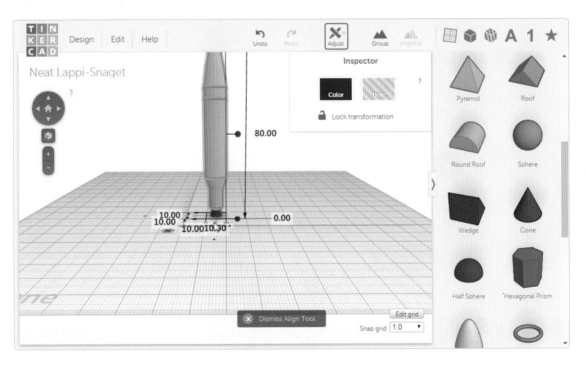

1 그림과 같이 로켓을 만들어 보세요.

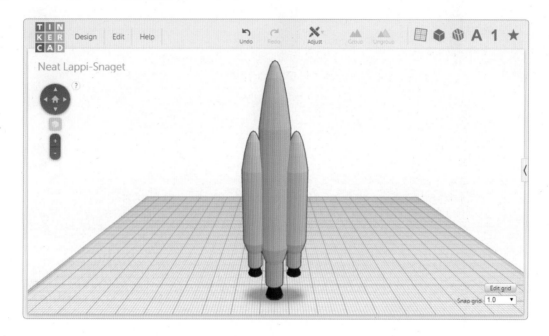

2 그림과 같이 로켓을 만들어 보세요.

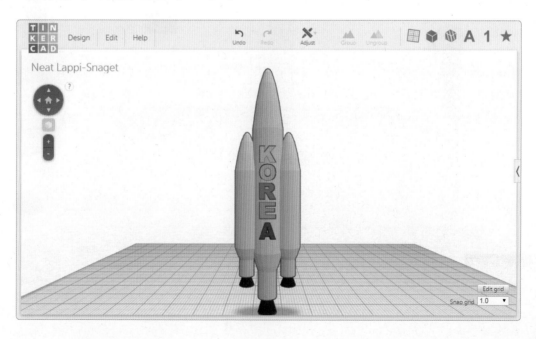

08 육각렌치 만들기

도형들을 삽입하고 합쳐서 일상생활에서 자주 사용하는 육각렌치를 만드는 법을 배워 봅시다. 만든 육각렌치에 글씨를 삽입해 봅시다.

✔ 도형을 삽입하고 변경한 후 알파벳 도형을 삽입해 글씨를 만들 수 있습니다.

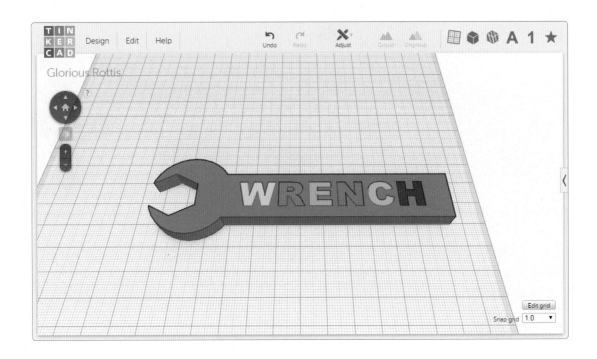

한 걸음 더

• 도형을 조합하여 육각렌치를 만들 수 있습니다.

• [Letters] 도형모음에서 알파벳 도형들을 삽입해 글씨를 만들 수 있습니다.

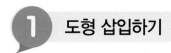

1 도형 삽입하기

❶ 도형 모음에서 [Box], [Cylinder], [Hexagonal Prism]을 선택해 그림과 같이 삽입합니다.

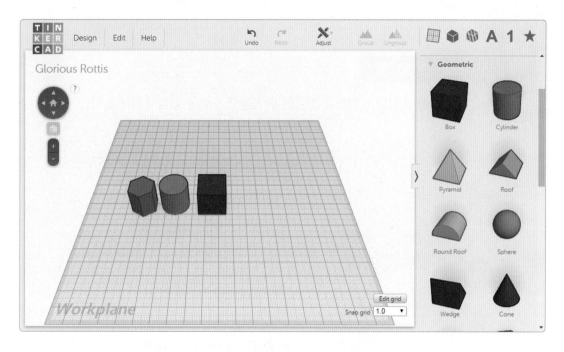

❷ 삽입한 도형의 두께를 그림과 같이 변경합니다.

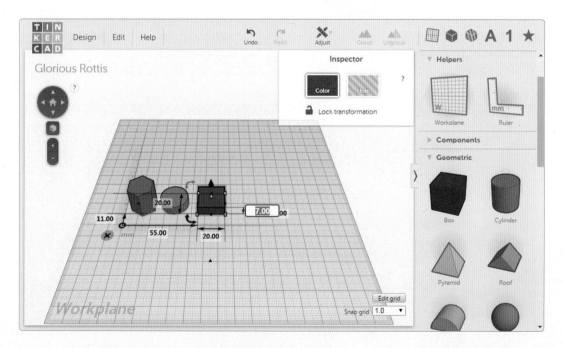

 Tip
삽입한 도형을 다중 선택한 후 [Ruler] 메뉴를 이용하면 도형의 크기를 한 번에 바꿀 수 있습니다.

2 육각렌치 만들기

[Align]메뉴를 사용해 도형을 정렬하는 법을 알아보겠습니다. [Hole]메뉴를 사용해 단추 구멍 만드는 법을 알아보겠습니다.

❶ 육각렌치의 손잡이를 만들기 위해 사각형의 길이를 그림과 같이 변경합니다.

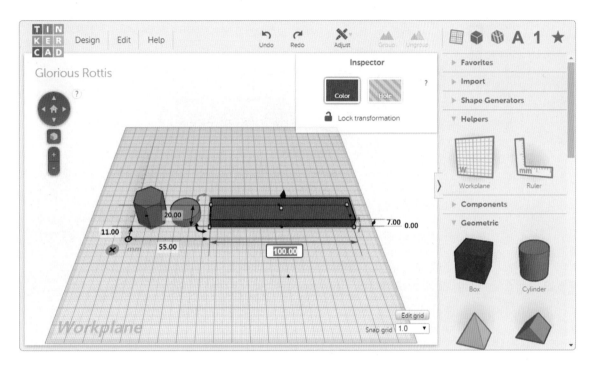

❷ 원기둥의 지름을 그림과 같이 변경한 후 위치를 이동합니다.

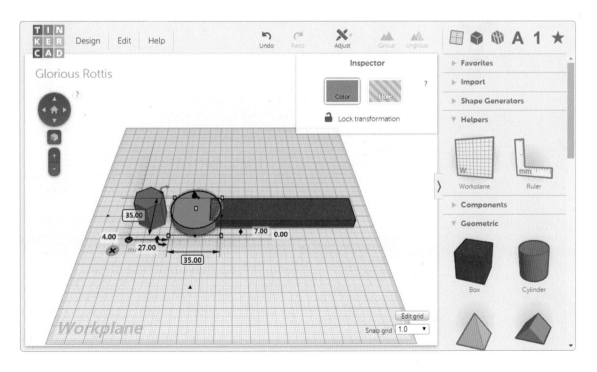

❸ 사각형과 원기둥을 드래그하여 선택한 후 오른쪽 상단 메뉴에서 [Group]을 클릭합니다.

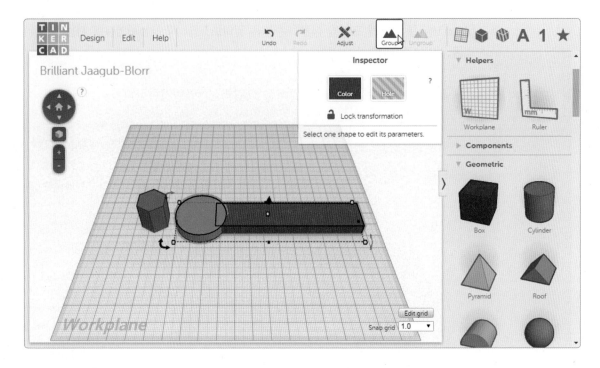

❹ 육각형을 그림과 같이 이동합니다. [Inspector] 메뉴에서 [Holde]을 선택한 후 모든 도형을 선택하고 [Group] 메뉴를 클릭합니다.

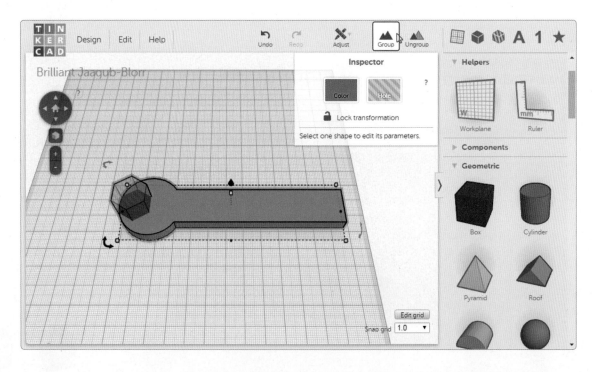

3 글씨 삽입하기

[Letters] 도형모음에서 알파벳 도형을 삽입하는 법을 알아보겠습니다.

❶ 도형모음에서 [Letters]를 클릭한 후 그림과 같이 알파벳 도형을 삽입합니다.

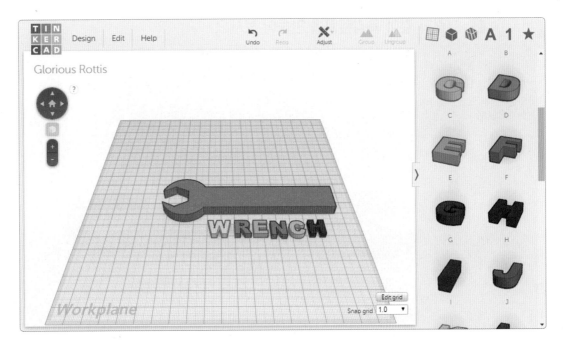

Tip 도형을 삽입할 때 이미 삽입되어있는 도형위로 바로 올릴 수 없으므로 바닥에 먼저 삽입한 후 이동시키는 것이 편합니다.

❷ 도형을 전체 선택합니다. [Adjust] 메뉴에서 [Align]을 이용하여, 그림과 같이 도형을 정렬합니다.

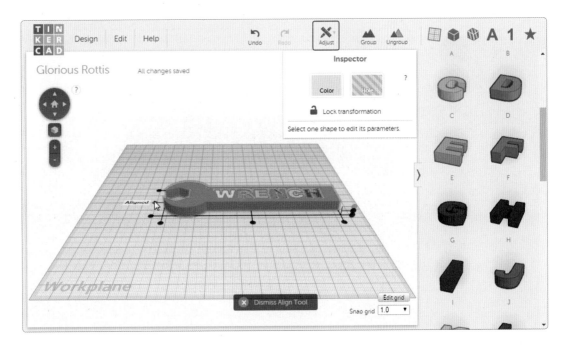

1 그림과 같이 육각렌치를 만들어 보세요

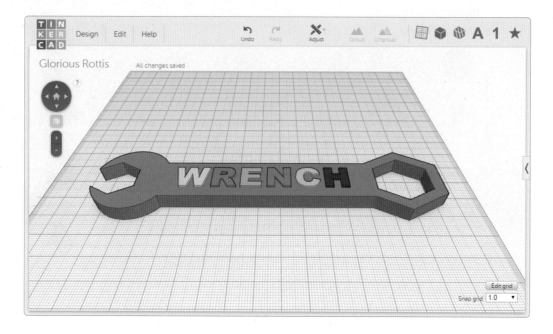

2 그림과 같이 육각렌치를 만들어 보세요

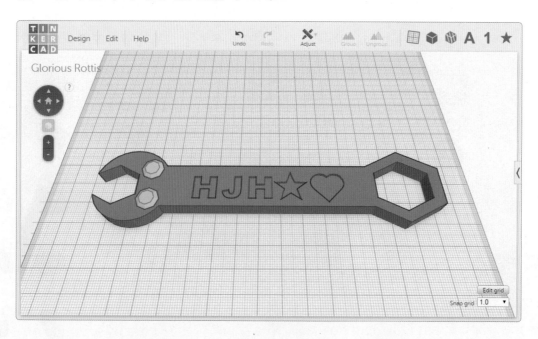

주사위 만들기

09

숫자 도형을 삽입해 나만의 주사위를 만들어 봅시다. 주사위의 숫자 부분을
여러 가지 모양으로 만들어 봅시다.

✅ 일반 도형이 아닌 [Symbols] 도형모음과 [Number] 도형모음을 이용해 주사위를
만들 수 있습니다.

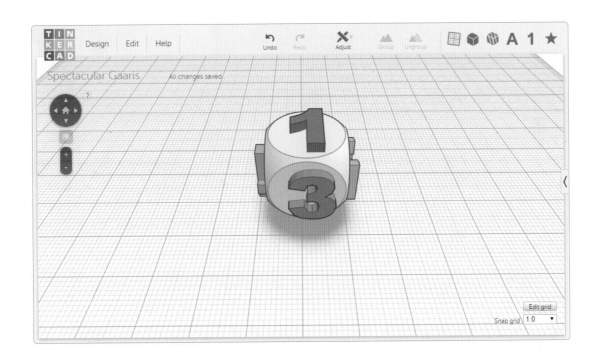

한 걸음 더

● 삽입한 도형을 회전하면서 숫자 도형을 삽입해 주사위를 만들 수 있습니다.

● 숫자로 만든 주사위 외에도 도형을 삽입해 다른 모양의 주사위를 만들 수 있습니다.

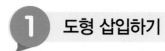 **도형 삽입하기**

[Symbols] 도형모음에서 주사위를 삽입하는 법을 알아보겠습니다.

❶ 도형모음에서 [Symbols]을 클릭해 [Dice]를 선택한 후 드래그해 삽입합니다.

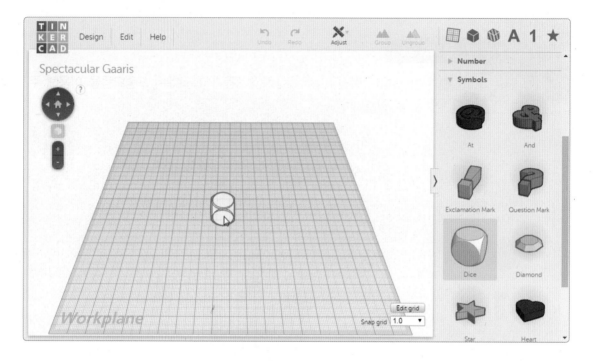

❷ 도형모음에서 [Number]을 클릭해 그림과 같이 숫자 도형을 삽입합니다.

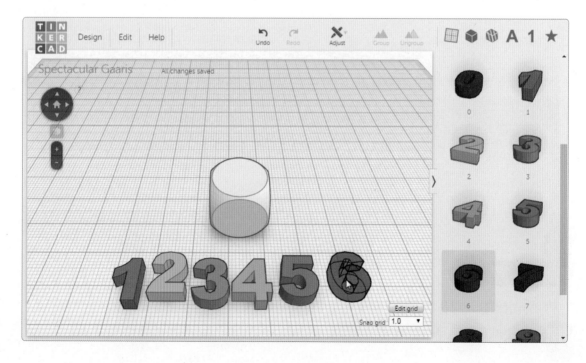

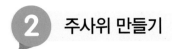 **주사위 만들기**

[Number] 도형모음에서 숫자 도형을 삽입하는 법을 알아보겠습니다.

❶ 숫자 1도형을 선택 후 [Align] 메뉴를 이용하여, 그림과 같이 도형을 정렬합니다.

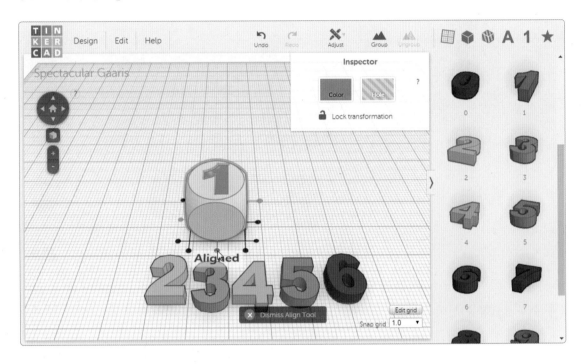

❷ 숫자 1도형을 클릭한 후 그림과 같이 이동합니다.

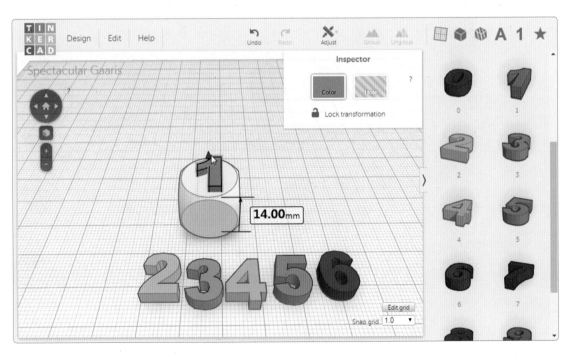

❸ 숫자 도형과 주사위 도형을 함께 선택한 후 그림과 같이 회전시킵니다.

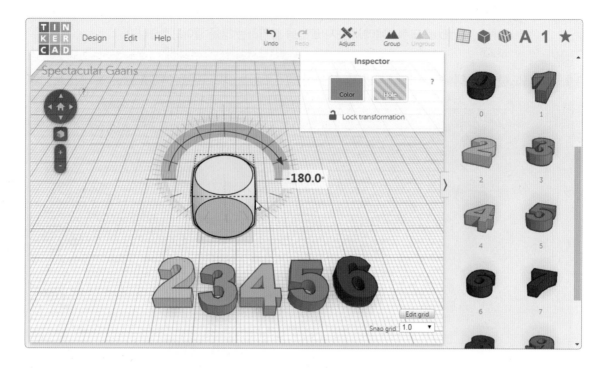

❹ 숫자 6도형을 선택 [Align] 메뉴를 이용하여, 그림과 같이 도형을 정렬한 후 그림과 같이 이동합니다.

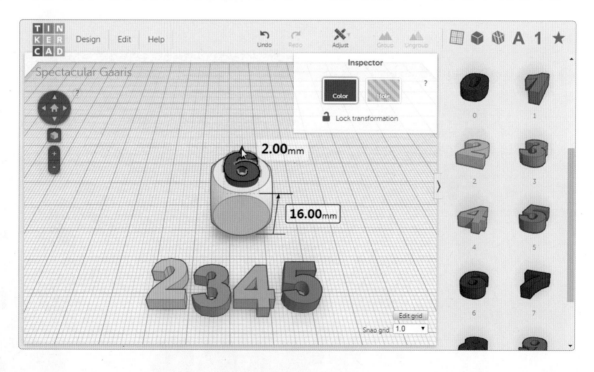

❺ 이와 같은 방법으로 주사위에 숫자 도형을 배치합니다.

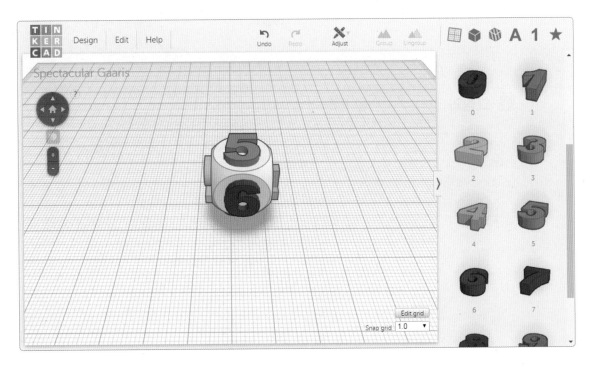

❻ 도형을 전체선택한 후 [Group] 메뉴를 클릭하고 [Color] 메뉴에서 [Multicolor]을 선택합니다.

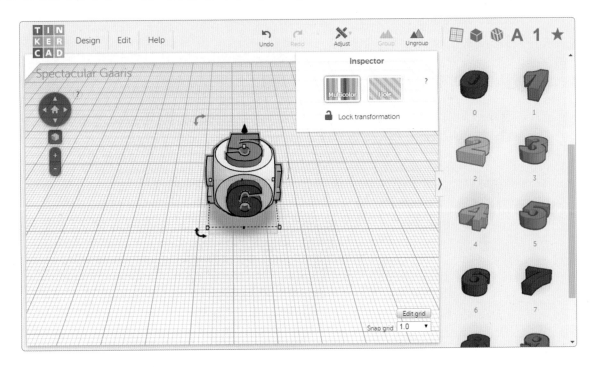

1 그림과 같이 주사위를 만들어 보세요.

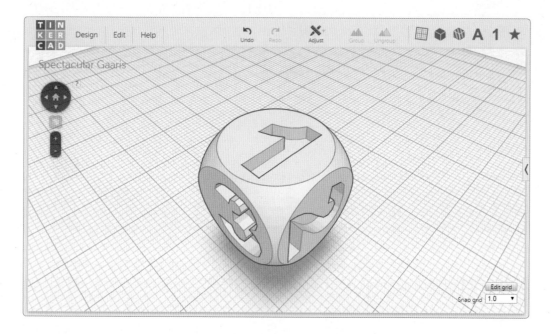

2 그림과 같이 주사위를 만들어 보세요.

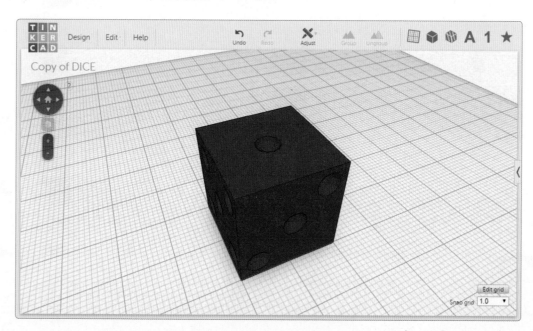

10 이름표 만들기

도형을 조합 이름표를 만들어 봅시다. 내 이니셜을 삽입해 나만의 이름표를 만드는 법을 배워봅시다.

학 습 목 표

✓ [Symbols] 도형모음과 [Letters] 도형모음을 이용해 이름표를 만들고 꾸밀 수 있습니다.

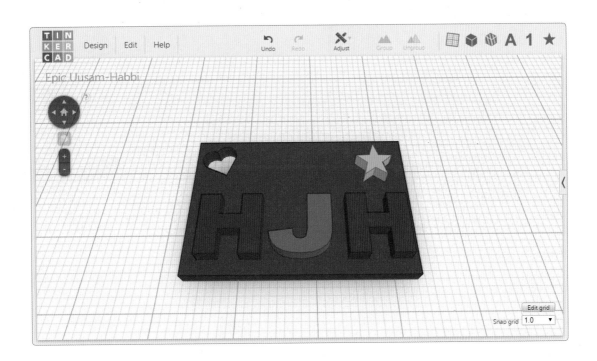

한 걸음 더

● 알파벳 도형을 삽입하고 배치해 나만의 이름표를 만들 수 있습니다.

● 여러 가지 모양의 도형들을 삽입해 이름표를 꾸밀 수 있습니다.

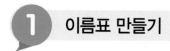

이름표 만들기

① 도형 모음에서 [Geometric]을 클릭해 [box]를 선택한 후 드래그해 삽입합니다.

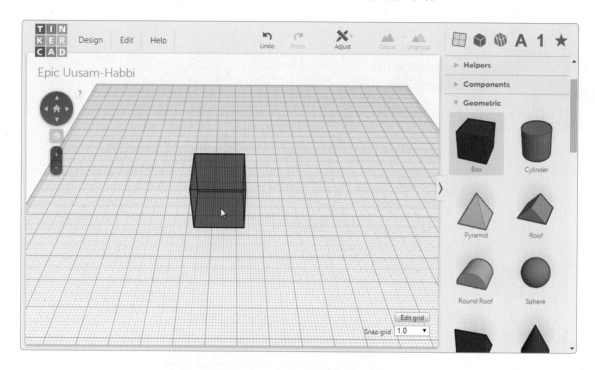

② 삽입한 도형의 크기를 그림과 같이 변경합니다.

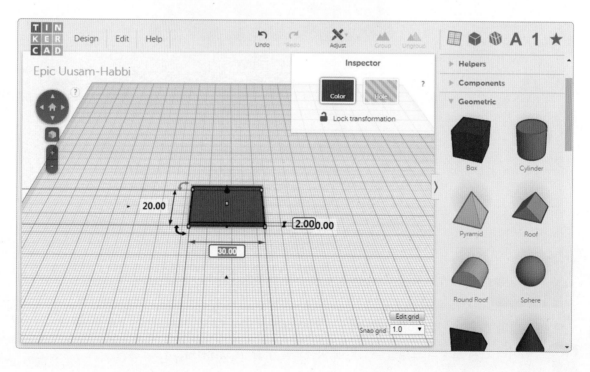

❸ 도형모음에서 [Letters]을 클릭해 본인의 이니셜을 삽입합니다.

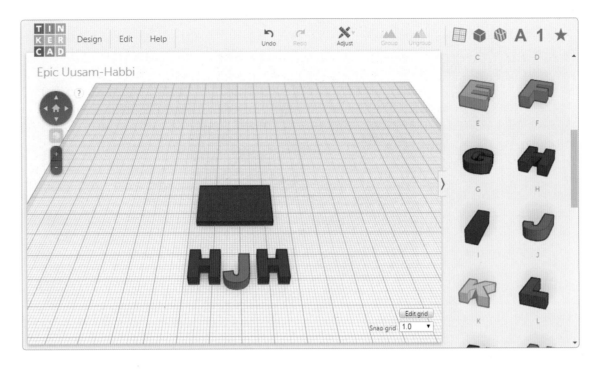

❹ 알파벳 도형의 크기를 그림과 같이 변경합니다.

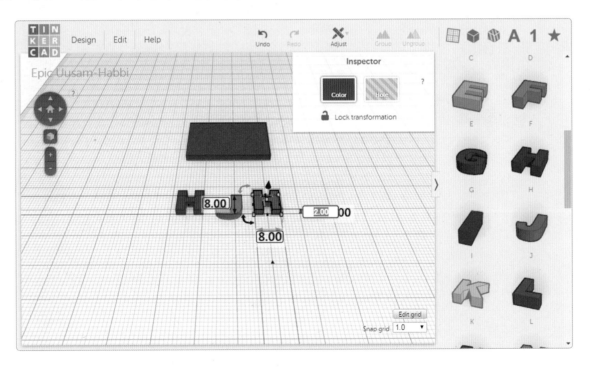

❺ 그림과 같이 알파벳 도형을 배치합니다.

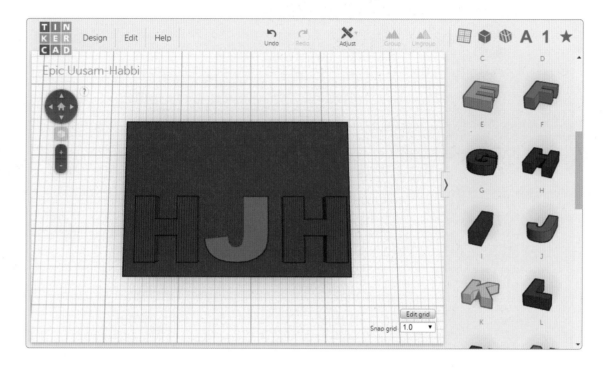

❻ 도형 모음에서 [Symbols]을 클릭해 [Star]와 [Heart]를 선택한 후 드래그해 삽입합니다.

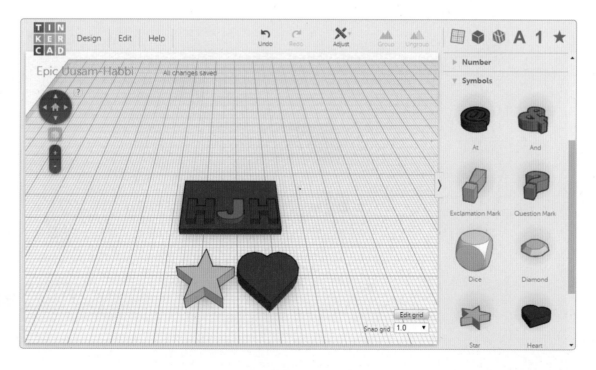

❼ 삽입한 도형의 크기를 변경한 후 그림과 같이 배치합니다.

([Star] : 가로 : 5mm , 세로 : 5mm, 높이 : 2mm)

([Heart] : 가로 : 5mm , 세로 : 5mm, 높이 : 4mm)

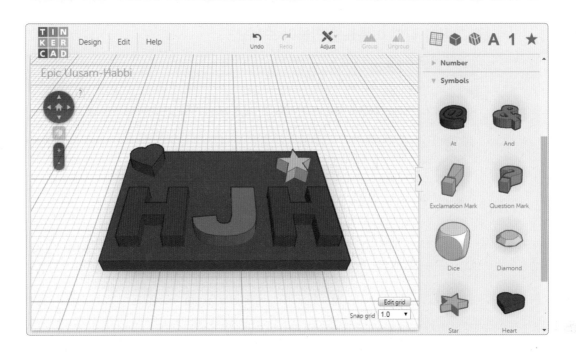

❽ [Heart] 도형을 [Hole] 처리한 후 도형을 전체선택한 후 [Group] 메뉴를 클릭하고 [Color] 메뉴에서 [Multicolor]을 선택합니다.

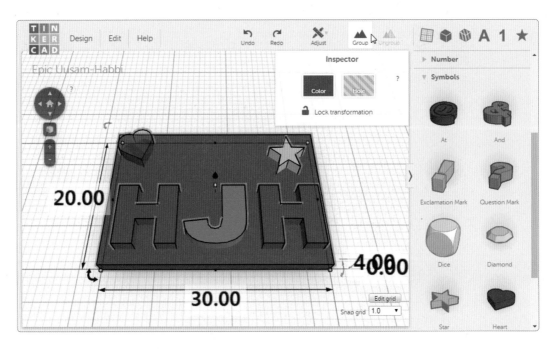

1 그림과 같이 이름표를 만들어 보세요.

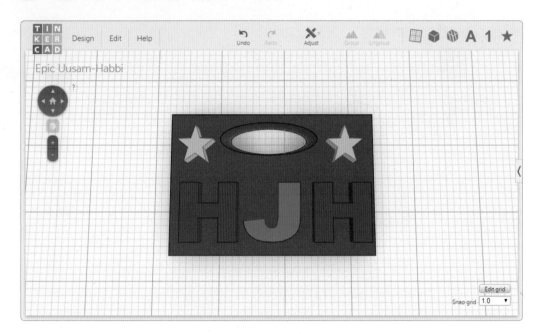

2 그림과 같이 이름표를 만들어 보세요.

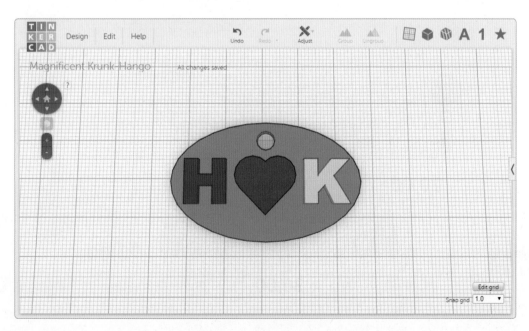

머그컵 만들기

11

물이나 음료수를 담을 수 있는 컵과 손잡이를 만드는 법을 배워 봅시다.
나만을 위한 멋진 머그컵을 만들어 봅시다.

✔ [Align]메뉴와 [Hole]메뉴를 사용해 머그컵을 만들 수 있습니다.

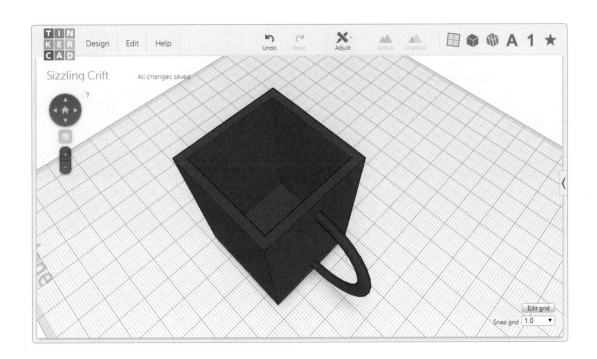

한걸음 더

● 도형을 삽입하고 배치해 원하는 모양의 머그컵을 만들 수 있습니다.

● 여러 가지 모양의 도형들을 삽입해 머그컵을 꾸밀 수 있습니다.

❶ 도형 모음에서 [Geometric]을 클릭해 [Box]를 선택한 후 드래그해 삽입합니다.

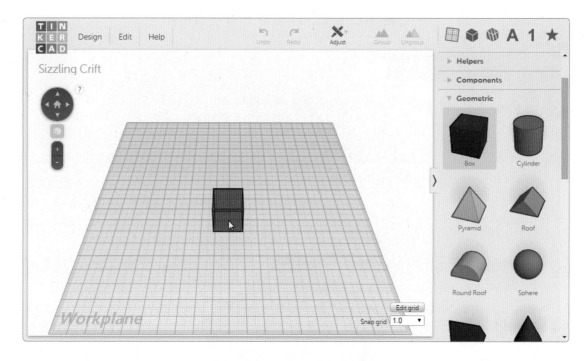

❷ [Ruler] 메뉴를 이용하여 도형의 크기를 그림과 같이 변경한 후 Ctrl+C, Ctrl+V를 사용하여 복사합니다.

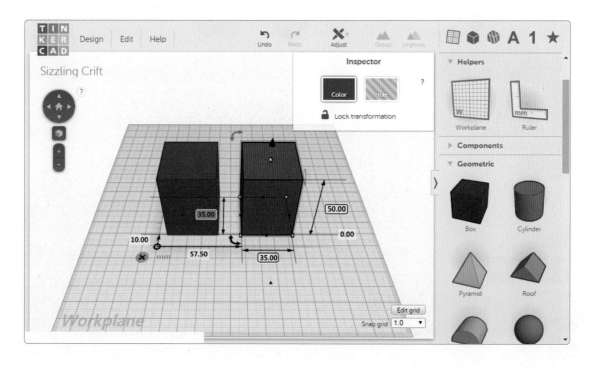

❸ 복사한 도형을 선택한 후 크기를 그림과 같이 변경하고, 바닥에서 '5.00mm'만큼 들어 올립니다.

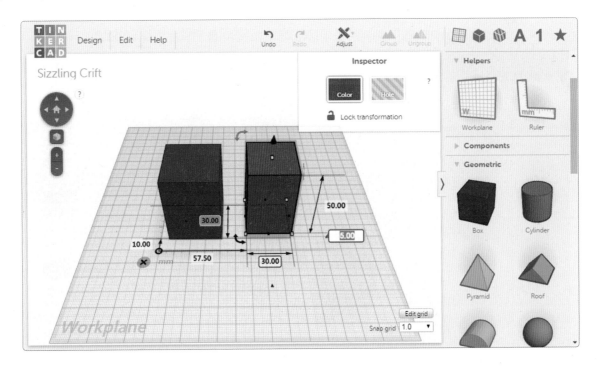

❹ [Align] 메뉴를 이용하여, 그림과 같이 도형을 정렬하고 이동한 도형을 [Hole] 메뉴를 클릭합니다.

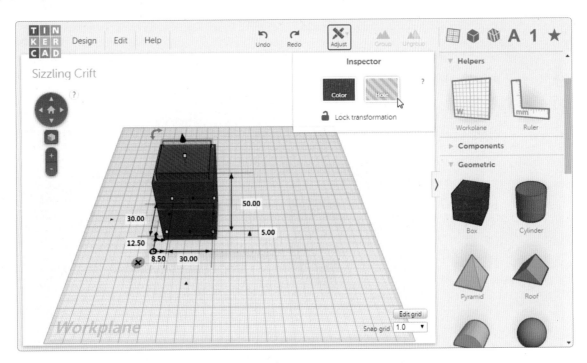

❷ 손잡이 만들기

[Align]메뉴와 [Hole]메뉴를 사용해 머그컵 손잡이를 만드는 법을 알아보겠습니다.

❶ 도형 모음에서 [Geometric]을 클릭해 [Torus thin]를 선택한 후 드래그해 삽입합니다.

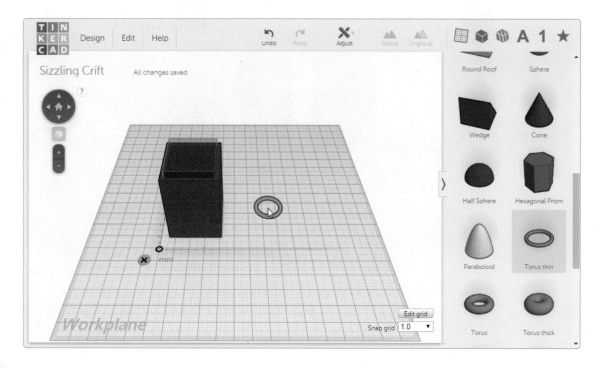

❷ [Ruler] 메뉴를 이용하여 도형의 크기를 그림과 같이 변경하고, 회전시킵니다.

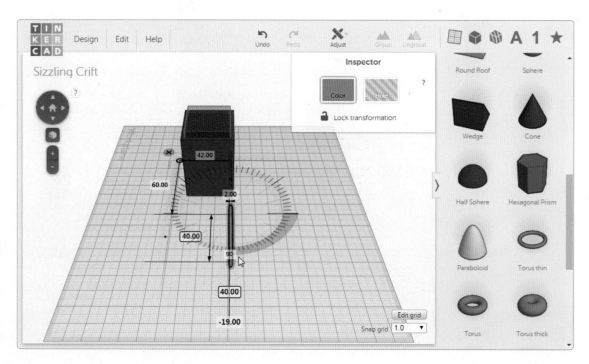

❸ [Ruler] 메뉴를 이용하여 도형의 높이를 '5.00mm'로 이동시킨 후 [Align] 메뉴를 이용하여, 그림과 같이 도형을 정렬합니다.

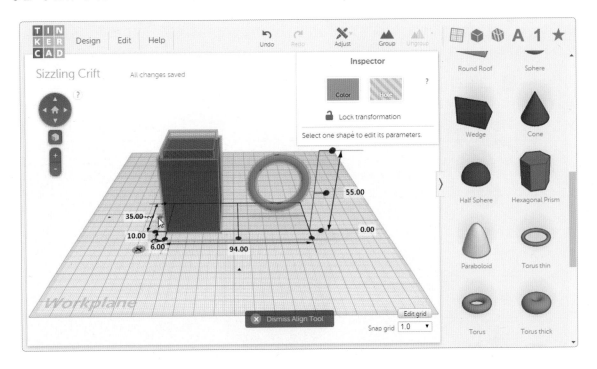

❹ 손잡이를 완성하기 위해 도형을 그림과 같이 이동시킨 후 도형을 전체 선택한 후 [Group] 메뉴를 클릭합니다.

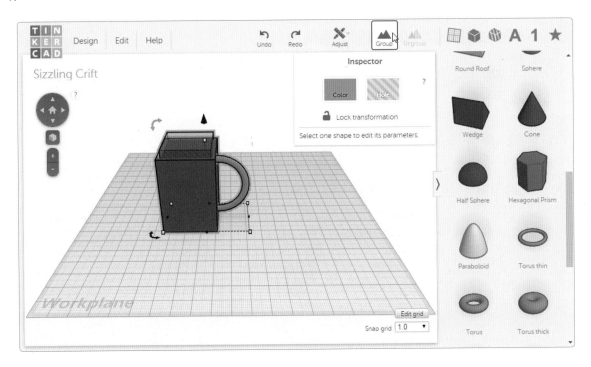

1 그림과 같이 머그컵을 만들어 보세요.

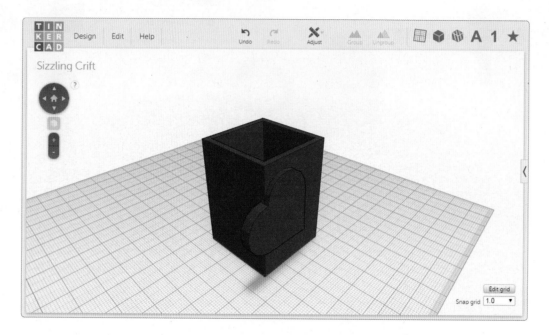

2 그림과 같이 머그컵을 만들어 보세요.

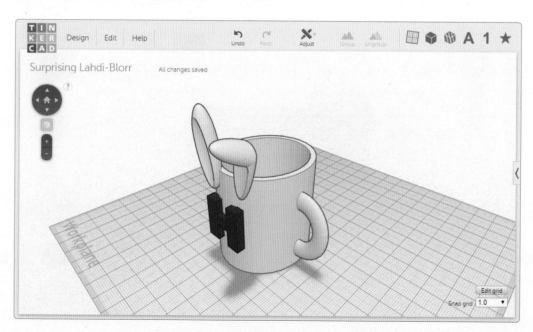

12 책갈피 만들기

내가 읽은 책의 페이지를 확인 할 수 있도록 도와주는 책갈피를 만드는 법을
배워 봅시다. 원하는 모양을 넣어 멋지게 만들어 봅시다.

학 습 목 표

✔ [Align]메뉴와 [Hole]메뉴를 사용해 책갈피를 만들 수 있습니다.

✔ [Symbols] 도형모음을 이용해 책갈피를 꾸밀 수 있습니다.

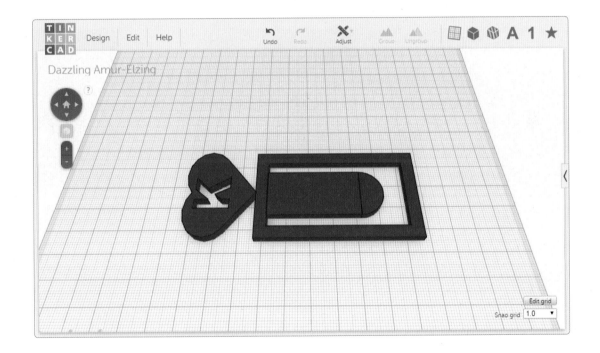

한걸음 더

• 도형을 삽입하고 [Hole] 메뉴를 이용해 책갈피를 만들 수 있습니다.

• 내 이니셜을 새기거나 도형을 삽입해 꾸밀 수 있습니다.

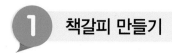

❶ 도형 모음에서 [Geometric]을 클릭해 [Box]를 선택한 후 드래그해 삽입한 후 그림과 같이 크기를 변경합니다.

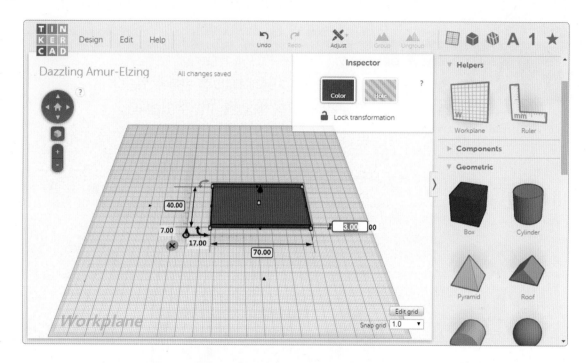

❷ 도형을 복사한 후 크기를 그림과 같이 변경합니다.

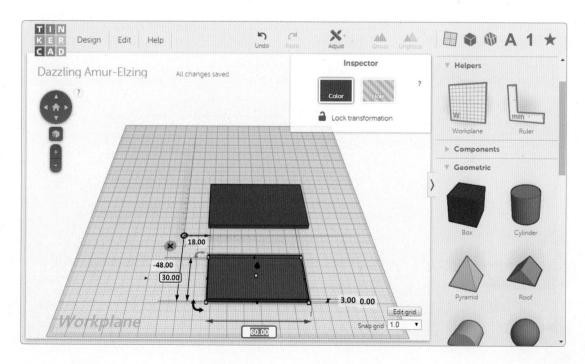

❸ 복사한 도형을 [Hole] 처리한 후, 두 도형을 드래그하여 [Align] 메뉴를 사용해 가운데 정렬합니다. 이후 두 도형을 [Group] 메뉴를 사용하여 책갈피의 테두리를 완성한다.

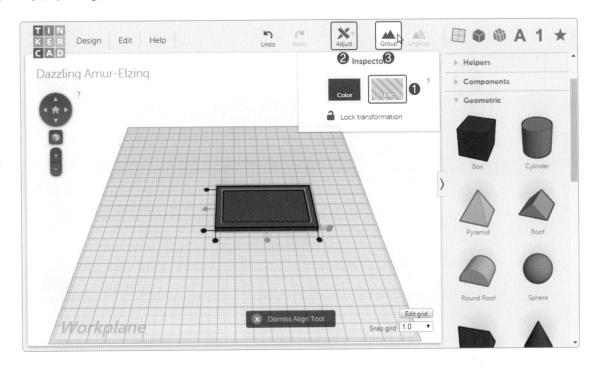

❹ 도형 모음에서 [Box]를 선택한 후 드래그해 삽입한 후 그림과 같이 크기를 변경합니다.

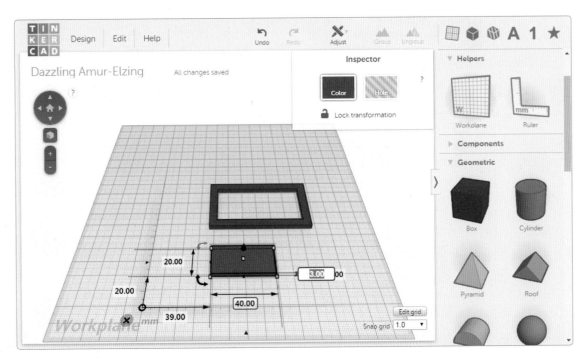

❺ 도형 모음에서 [Round Roof]를 선택한 후 드래그해 삽입한 후 그림과 같이 크기를 변경합니다.

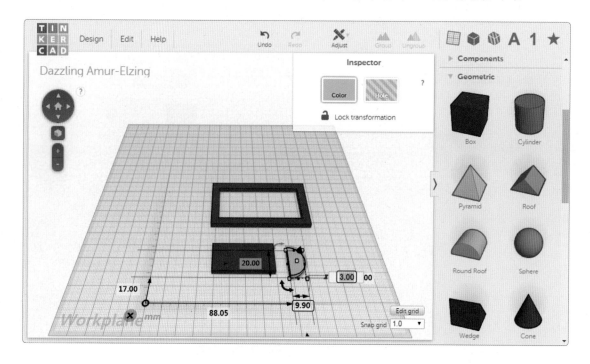

❻ 도형을 모두 선택한 후 [Align] 메뉴를 사용해 가운데 정렬합니다. 그 후 그림과 같이 이동시킨 후 [Group] 메뉴를 사용하여 책갈피를 완성합니다.

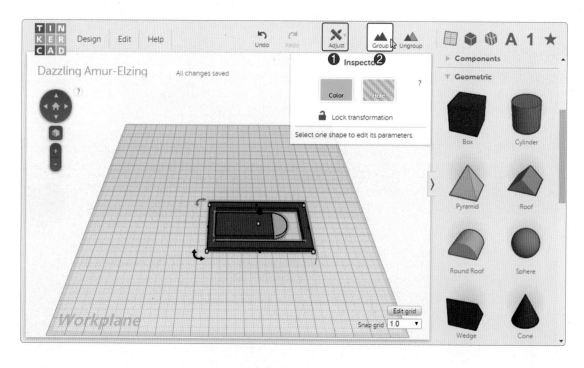

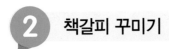

2 **책갈피 꾸미기**

도형이나 알파벳을 이용해 책갈피를 꾸밀 수 있습니다.

❶ 도형 모음에서 [Symbols]를 클릭해 [Heart]를 선택한 후 드래그해 삽입한 후 그림과 같이 크기를 변경합니다.

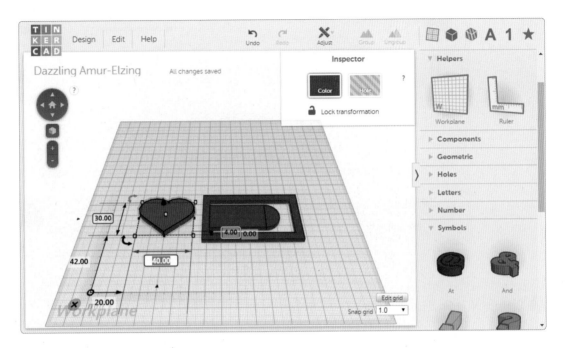

❷ 도형을 그림과 같이 회진시키고 이동시킵니다. 그 후 도형을 모두 선택한 후 [Align] 메뉴를 사용해 가운데 정렬시킵니다.

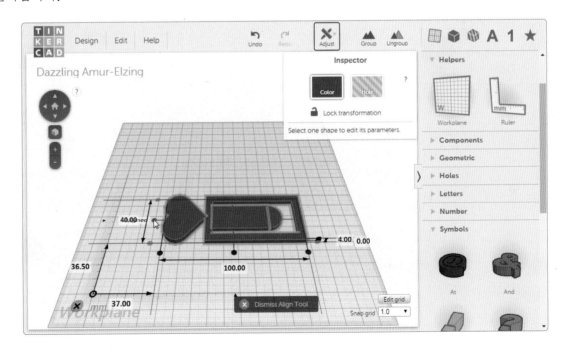

❸ 도형 모음에서 [Letters]를 클릭해 [K]를 선택한 후 드래그해 삽입한 후 그림과 같이 크기를 변경합니다.

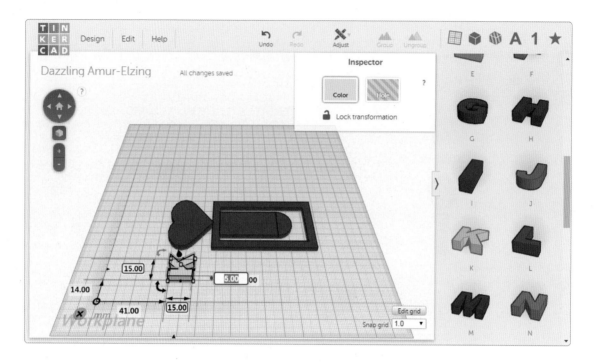

❹ 알파벳 도형을 [Hole] 처리한 후, 도형을 전체를 드래그하여 [Align] 메뉴를 사용해 가운데 정렬합니다. 이후 두 도형을 [Group] 메뉴를 사용하여 책갈피의 테두리를 완성한다.

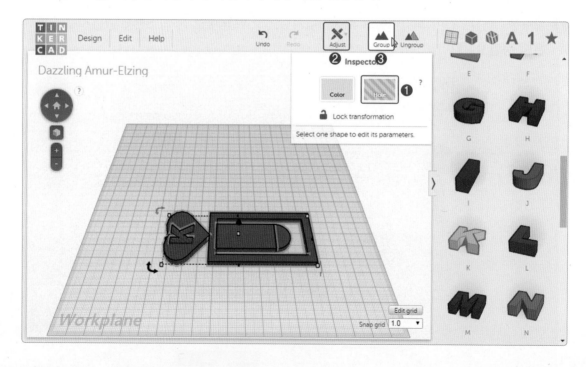

1 그림과 같이 책갈피를 만들어 보세요.

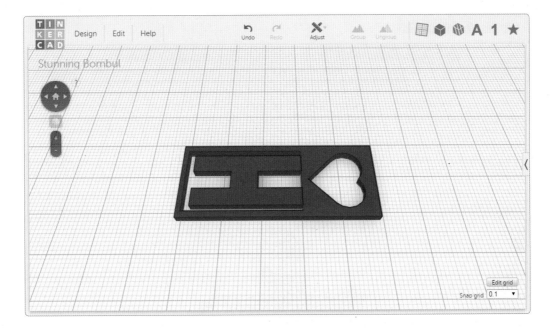

2 그림과 같이 책갈피를 만들어 보세요.

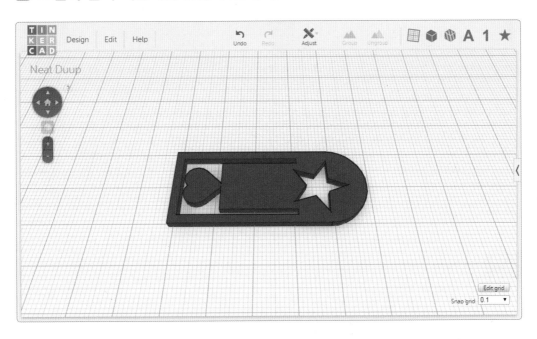

13 잠자리 열쇠고리

나만의 열쇠고리를 만드는 법을 배워봅시다. 도형들을 삽입하고 변형하여 잠자리모양의 열쇠고리를 만들어봅시다.

학 습 목 표

✅ [Shape Generators]메뉴를 사용해 도형을 변형할 수 있습니다.

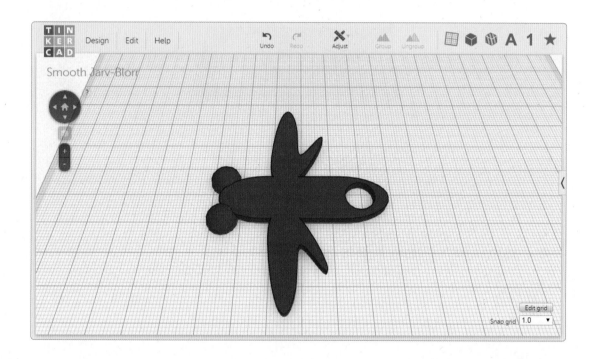

한 걸음 더

- [Shape Generators] 메뉴를 이용해 도형을 변형시켜 잠자리의 날개를 만들 수 있습니다.
- 잠자리 모양 외의 여러 모양을 만들어 볼 수 있습니다.

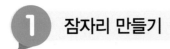

잠자리 만들기

도형들을 변형하고 합쳐서 잠자리 몸통을 만드는 법을 알아보겠습니다.

❶ 도형 모음에서 [Geometric]을 클릭해 [Box]를 선택한 후 드래그해 삽입한 후 그림과 같이 크기를 변경합니다.

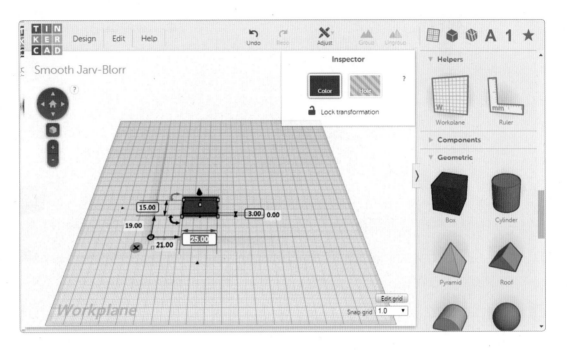

❷ 도형 모음에서 [Geometric]을 클릭해 [Round Roof]를 선택한 후 드래그해 삽입한 후 그림과 같이 크기를 변경합니다.

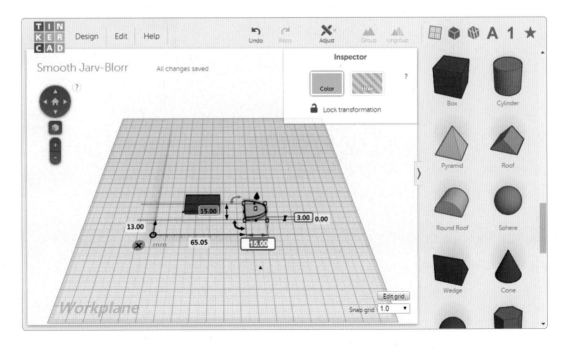

❸ 두 번째 삽입한 도형을 선택한 후 Ctrl+C, Ctrl+V로 복사하고, 그림과 같이 이동한 후 180도 회전합니다.

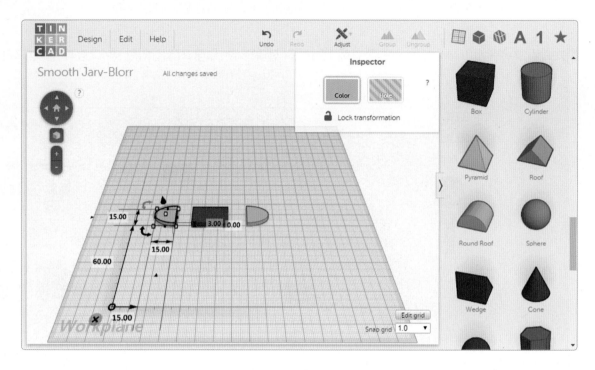

❹ 삽입한 도형을 모두 선택한 후 [Align] 메뉴를 사용해 가운데 정렬시킵니다. 그 후 그림과 같이 이동한 후 [Group] 메뉴를 클릭합니다.

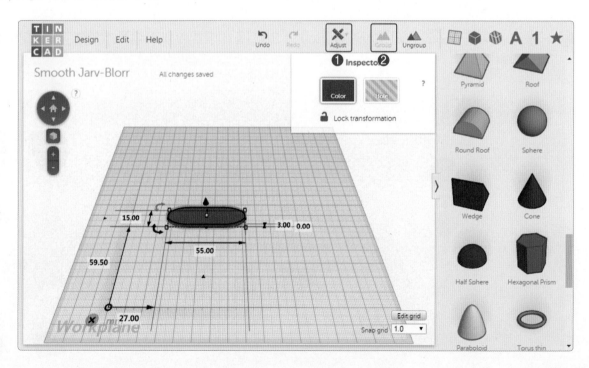

❺ 도형 모음에서 [Half Sphere]를 선택한 후 드래그해 삽입한 후 그림과 같이 크기를 변경합니다.

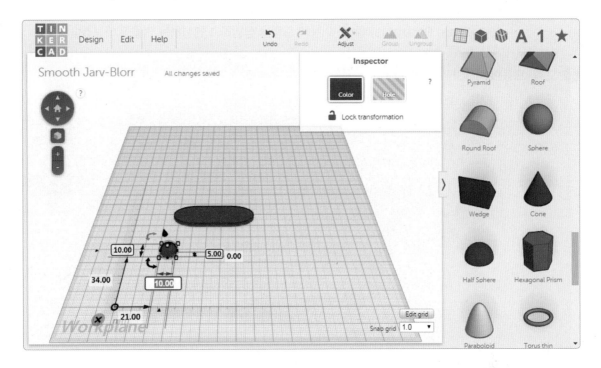

❻ 도형을 선택한 후 Ctrl+C, Ctrl+V로 복사하고, 그림과 같이 이동한 후 [Align] 메뉴를 사용해 가운데 정렬시킨 후 [Group] 메뉴를 클릭합니다.

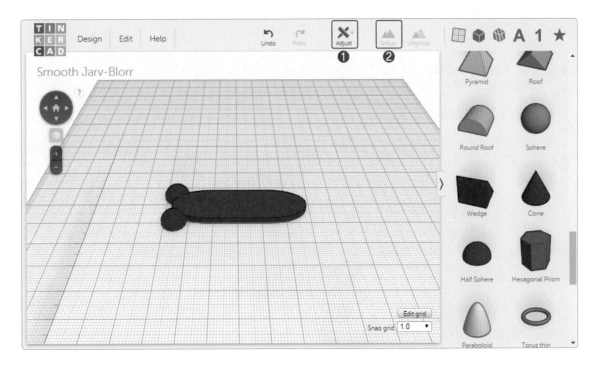

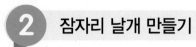

2 잠자리 날개 만들기

[Shape Generators]메뉴를 이용해 도형을 삽입하고 변형하는 법을 알아보겠습니다.

❶ 도형 모음에서 [Shape Generators]−[Your Shape Generators] 메뉴에서 [New Shape Generators]
를 클릭한 후 [Extrusion]을 선택합니다.

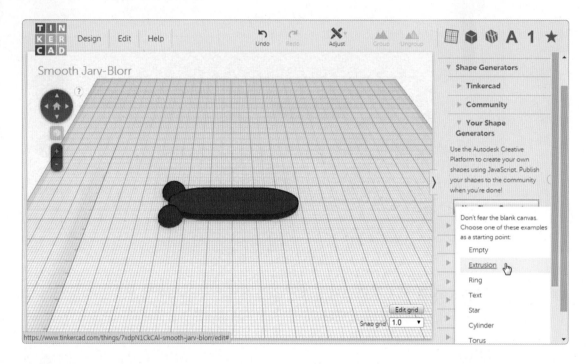

❷ 도형을 선택한 후 드래그해 삽입한 후 그림과 같이 크기를 변경합니다.

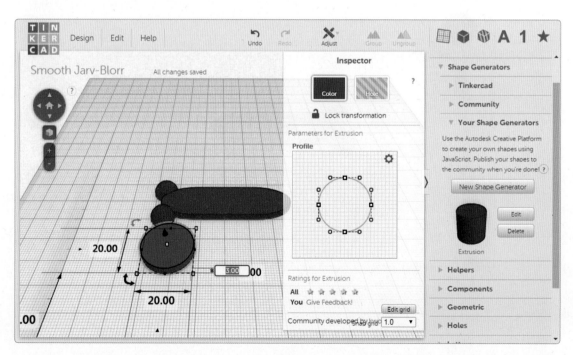

❸ 우측 메뉴에 나타난 창에서 도형을 그림과 같이 변경합니다.

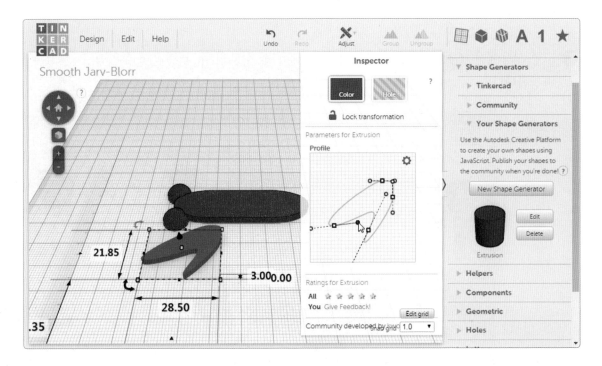

❹ 도형을 선택한 후 그림과 같이 회전시킨 후 이동합니다. 그 후 Ctrl+C, Ctrl+V로 복사하고, 그림과 같이 회전하고, [Align] 메뉴를 사용해 가운데 정렬시킵니다.

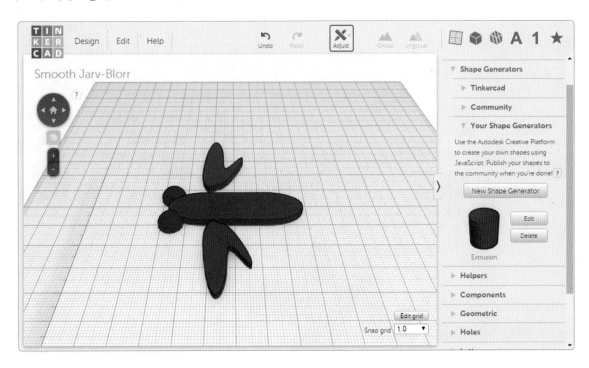

① 도형 모음에서 [Geometric]을 클릭해 [Cylinder]를 선택한 후 드래그해 삽입한 후 그림과 같이 크기를 변경합니다.

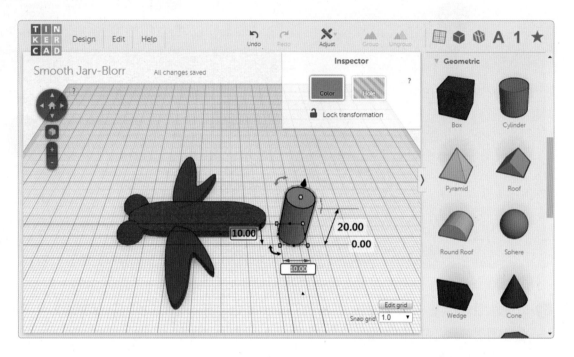

② 원기둥을 [Hole] 처리한 후 [Align] 메뉴를 사용해 가운데 정렬시킵니다. 그 후 도형을 전체 선택 후 [Group] 메뉴를 클릭합니다.

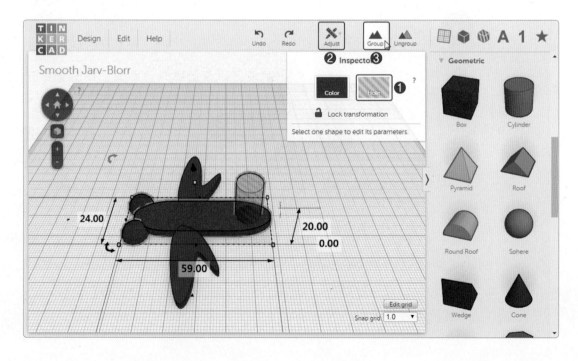

1️⃣ 그림과 같이 열쇠고리를 만들어 보세요.

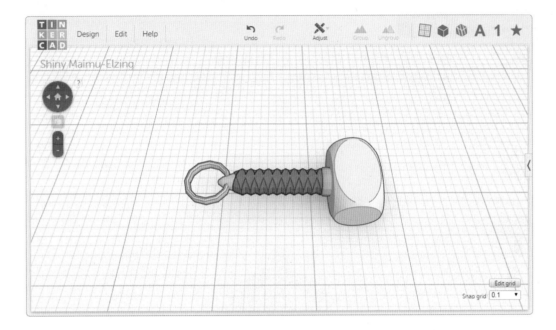

2️⃣ 그림과 같이 열쇠고리를 만들어 보세요.

14 팬던트 만들기

나만의 팬던트를 만드는 법을 배워봅시다. 도형들을 이용해 나만의 예쁜 목걸이를 만들어 봅시다.

학 습 목 표

✔ 도형을 삽입하고 변형하여 팬던트를 만들 수 있습니다.

✔ 내가 만든 팬턴트에 고리를 만들어 줄을 연결하면 목걸이를 만들 수 있습니다.

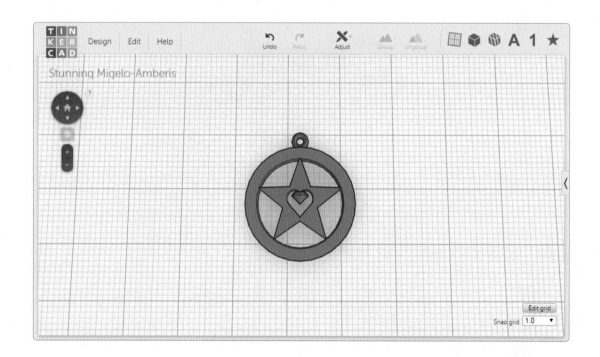

한 걸음 더

여러 가지 모양의 도형을 조합해 나만의 팬던트를 만들 수 있습니다.

❶ 도형 모음에서 [Geometric]을 클릭해 [Cylinder]를 선택한 후 드래그해 삽입합니다.

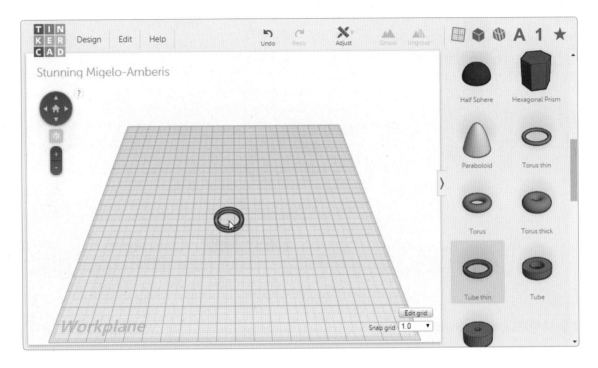

❷ 도형 모음에서 [Symbols] 을 클릭해 [Star]를 선택한 후 드래그해 삽입한 후 그림과 같이 크기를 변경합니다.

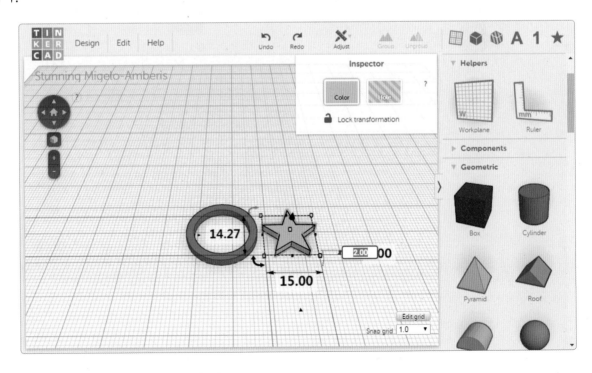

❸ 삽입한 도형을 모두 선택한 후 [Align] 메뉴를 사용해 가운데 정렬시킵니다.

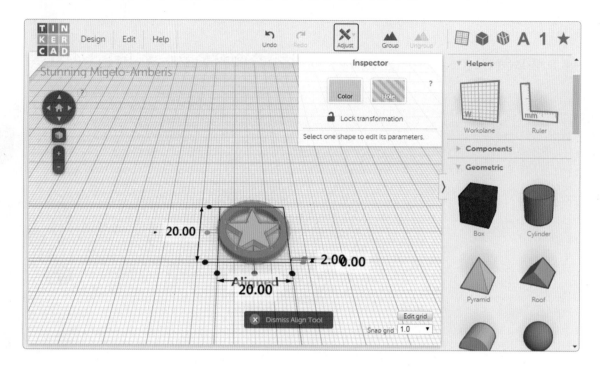

❹ 도형 모음에서 [Symbols]을 클릭해 [Heart]를 선택한 후 드래그해 삽입한 후 그림과 같이 크기를 변경합니다.

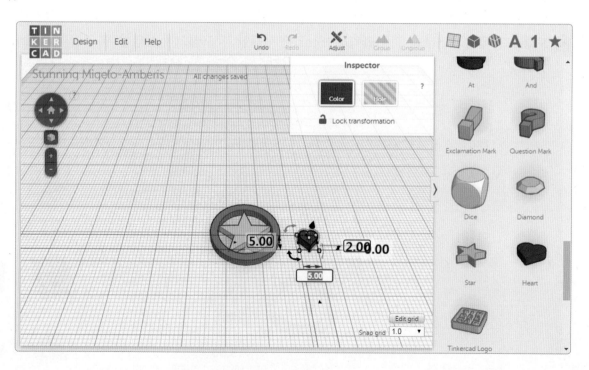

❺ 하트 도형을 [Hole] 처리한 후 모든 도형을 선택해 [Align] 메뉴를 사용해 가운데 정렬시킵니다. 그 후
도형을 전체 선택 후 [Group] 메뉴를 클릭합니다.

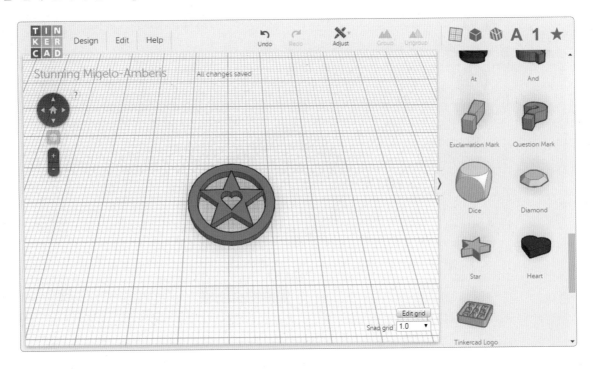

❻ 도형 모음에서 [Symbols] 을 클릭해 [Diamond]를 선택한 후 드래그해 삽입한 후 그림과 같이 크기를
변경합니다.

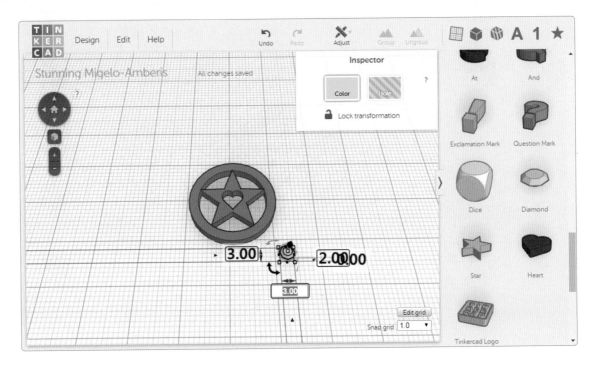

❼ 그림과 같이 회전 시킨 후 [Align] 메뉴를 사용해 가운데 정렬시킵니다.

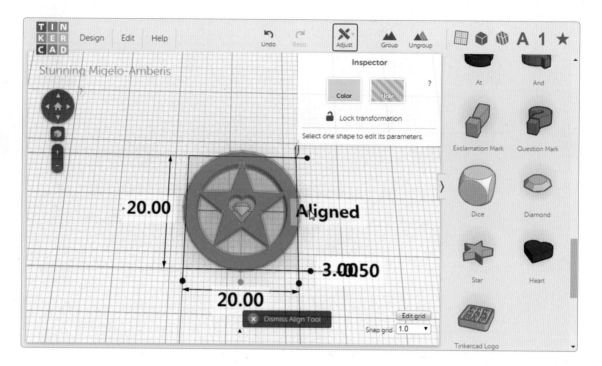

❽ 그림과 같이 이동시킨 후 도형을 전체 선택하여 [Group] 메뉴를 클릭합니다.

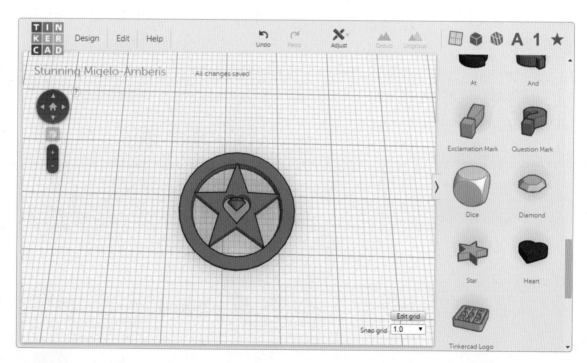

② 팬던트 고리 만들기

❶ 도형 모음에서 [Geometric]을 클릭해 [Torus]를 선택한 후 드래그해 삽입하고 그림과 같이 크기를 변형합니다.

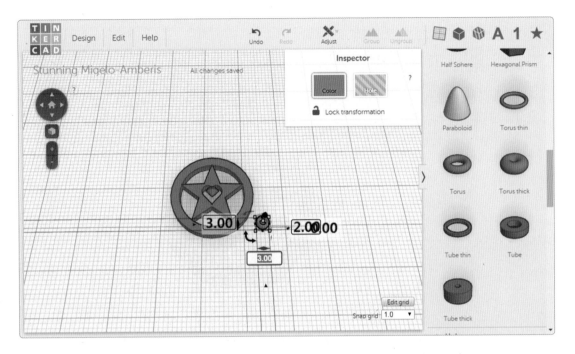

❷ 그림과 같이 도형을 이동시킨 후 도형을 전체 선택하여 [Align] 메뉴를 사용해 가운데 정렬시킵니다. 그후 [Group] 메뉴를 클릭합니다.

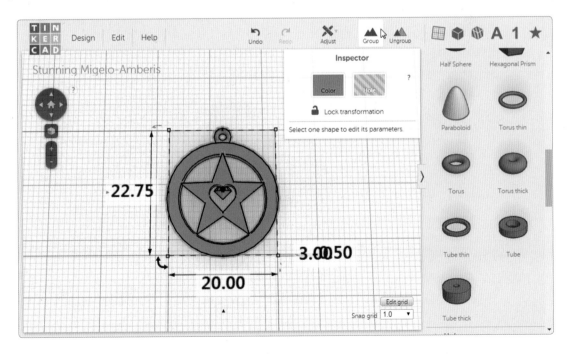

1 그림과 같이 팬던트를 만들어 보세요.

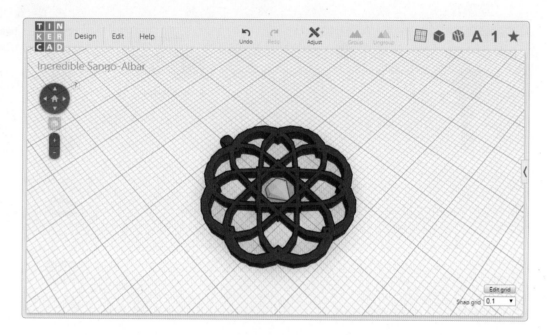

2 그림과 같이 팬던트를 만들어 보세요.

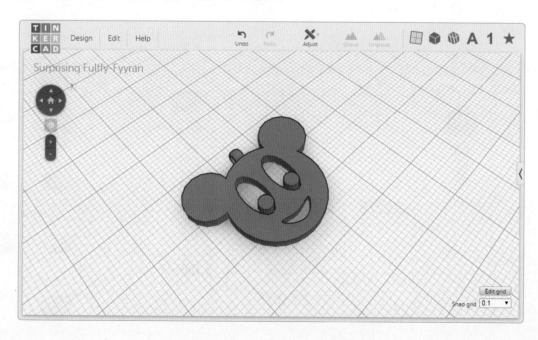

15 호루라기 만들기

나만의 호루라기를 만드는 법을 배워봅시다. 도형들을 삽입하고 변형하여
호신용 호루라기를 만들어봅시다.

학 습 목 표

✔ 도형을 삽입하고 변형하여 호루라기를 만들 수 있습니다.

✔ [Align]메뉴와 [Hole]메뉴를 사용해 호루라기의 구멍을 만들 수 있습니다.

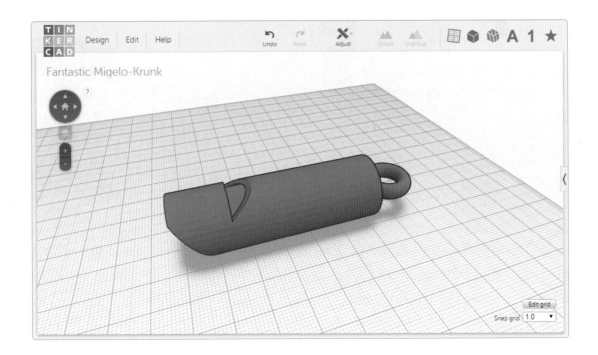

한 걸음 더

● 도형을 삽입하고 [Hole] 메뉴를 이용해 호루라기를 만들 수 있습니다.

● 내 이니셜을 새기거나 도형을 삽입해 꾸밀 수 있습니다.

호루라기 몸통 만들기

[Align]메뉴와 [Hole]메뉴를 사용해 호루라기의 소리 구멍을 만드는 법을 알아보겠습니다.

❶ 도형 모음에서 [Geometric]을 클릭해 [Cylinder]를 선택한 후 드래그해 삽입한 후 그림과 같이 크기를 변경합니다.

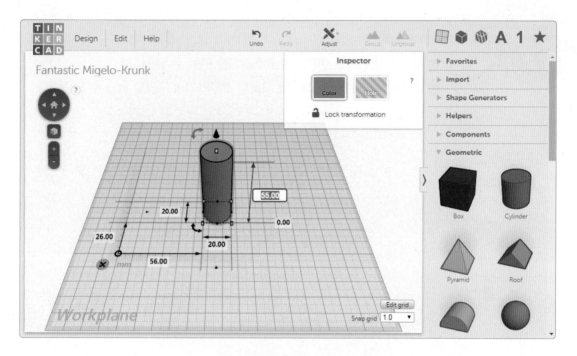

❷ 그림과 같이 도형을 회전시키고, Ctrl+C, Ctrl+V로 도형을 복사한 후 그림과 같이 크기를 변경합니다.

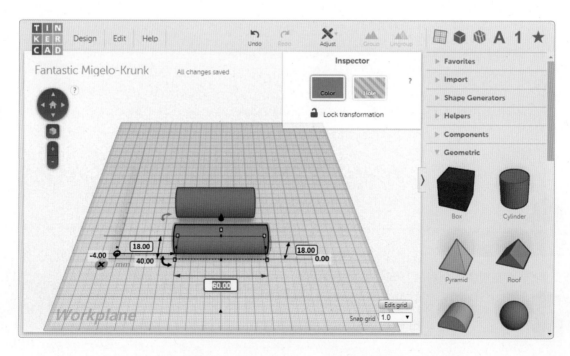

❸ 복사한 도형을 [Hole] 처리한 후 [Align] 메뉴를 사용해 가운데 정렬시킵니다. 그 후 도형을 전체 선택 후 [Group] 메뉴를 클릭합니다.

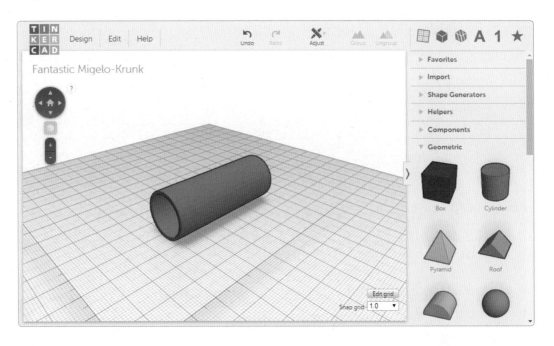

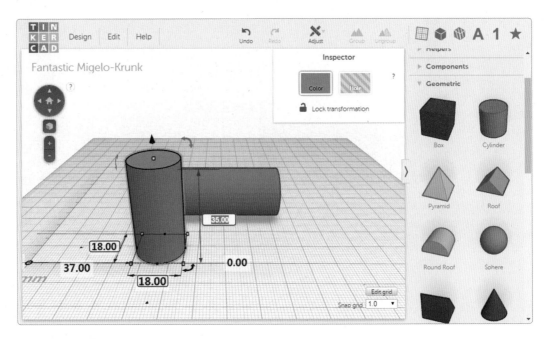

2 호루라기 속 만들기

❶ 도형 모음에서 [Cylinder]를 선택한 후 드래그해 삽입한 후 그림과 같이 크기를 변경합니다.

❷ 그림과 같이 회전시키고, [Align] 메뉴를 사용해 가운데 정렬시킵니다.

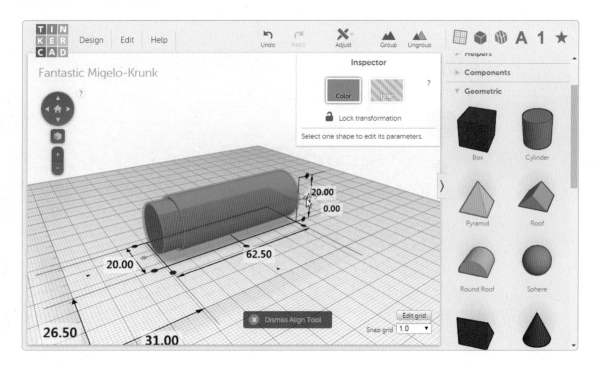

❸ 도형 모음에서 [Box]를 선택한 후 드래그해 삽입한 후 그림과 같이 크기를 변경합니다.

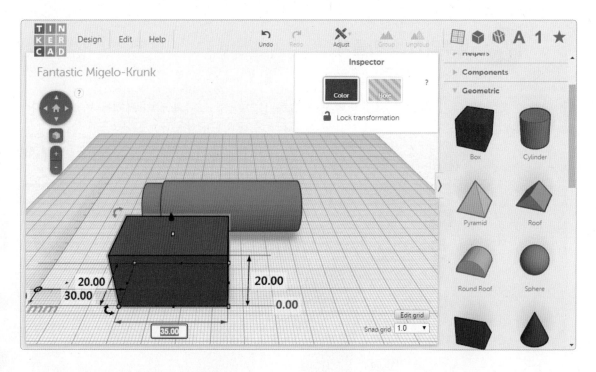

❹ 변경한 도형을 [Hole] 처리한 후 그림과 같이 이동합니다. 그 후 두 번째 원기둥과 같이 선택 후 [Group] 메뉴를 클릭합니다.

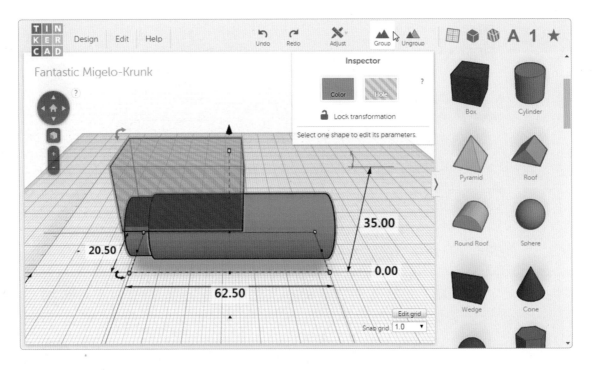

❺ 도형 모음에서 [Roof]를 선택한 후 드래그해 삽입한 후 그림과 같이 크기를 변경합니다.

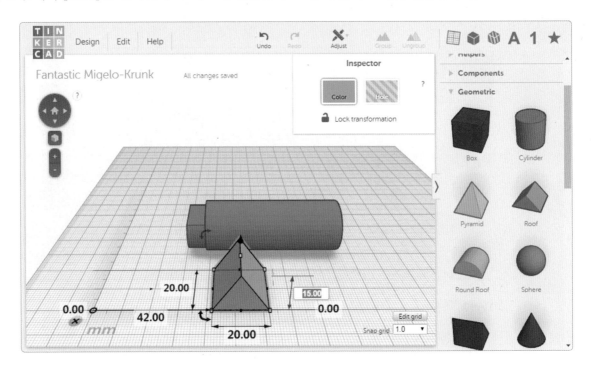

❻ 그림과 같이 회전시키고, [Hole] 처리한 후 그림과 같이 이동합니다. 그 후 첫 번째 원기둥과 같이 선택 후 [Group] 메뉴를 클릭합니다.

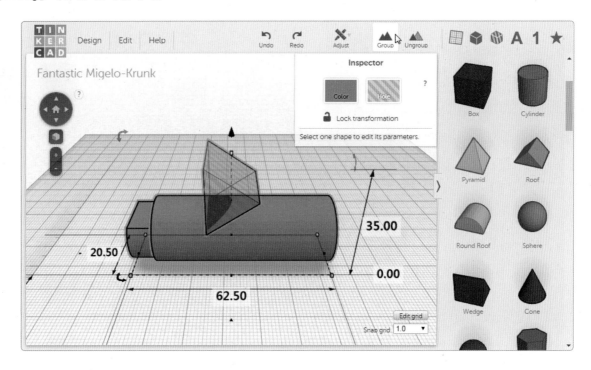

❼ 도형 모음에서 [Box]를 삽입한 후 그림과 같이 크기를 변경합니다. 그 후 [Hole] 처리한 후 그림과 같이 회전 시킨 후 이동합니다.

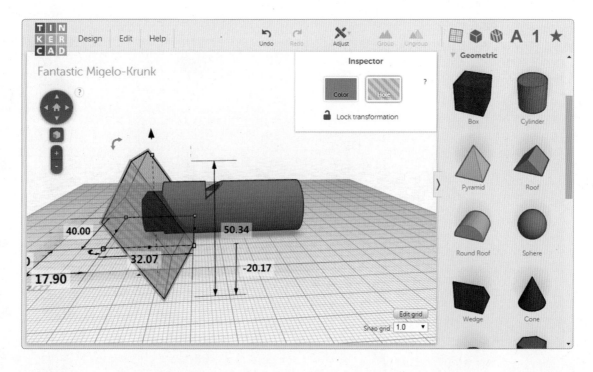

❽ 도형을 전체 선택하고, [Group] 메뉴를 이용해 호루라기 몸통을 완성합니다.

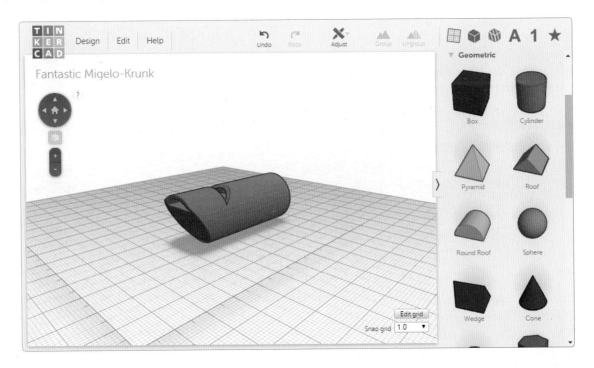

③ 호루라기 고리 만들기

도형을 삽입하여 줄을 연결할 수 있는 고리를 만드는 법을 알아보겠습니다.

❶ 도형 모음에서 [Cylinder]를 삽입한 후 그림과 같이 크기를 변경합니다.

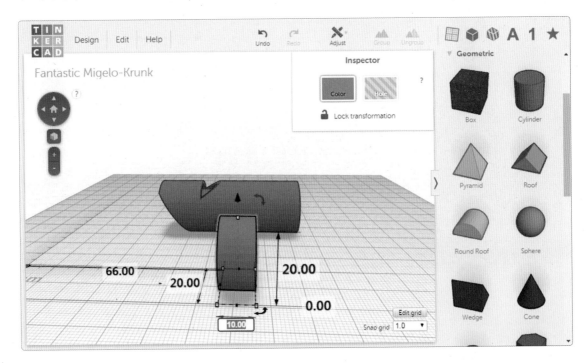

❷ 도형 모음에서 [Torus]를 삽입한 후 그림과 같이 크기를 변경합니다.

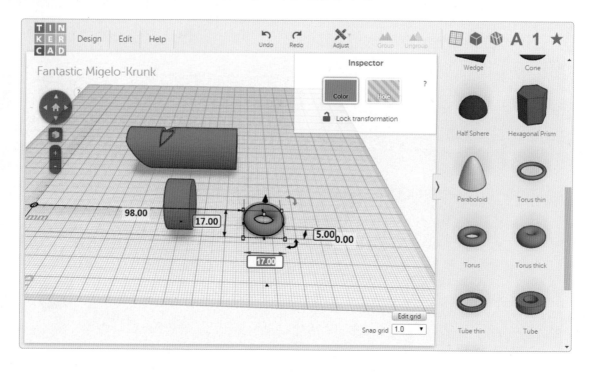

❸ 삽입한 도형들을 그림과 같이 이동시킨 후 [Align] 메뉴를 사용해 가운데 정렬시킵니다. 그 후 도형을
전체 선택 후 [Group] 메뉴를 클릭합니다.

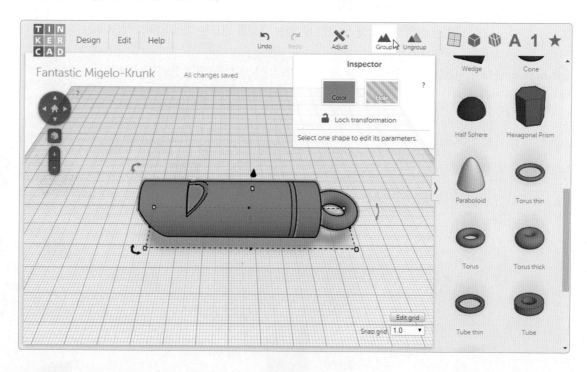

1 그림과 같이 호루라기를 만들어 보세요.

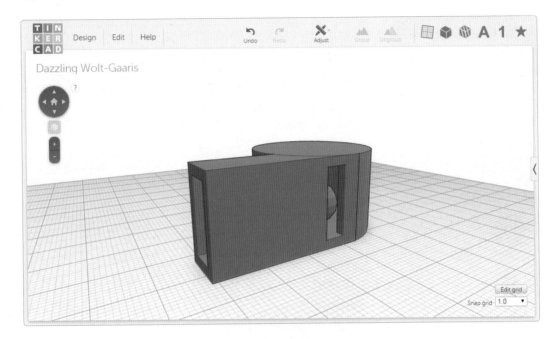

2 그림과 같이 호루라기를 만들어 보세요.

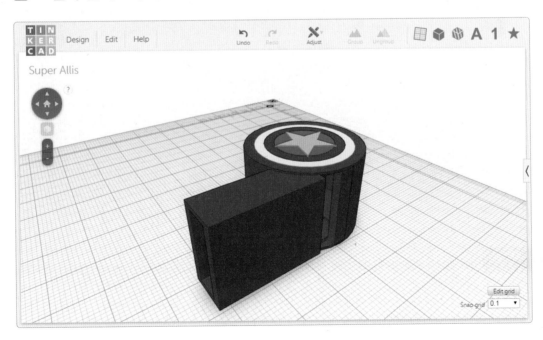

16 도장 만들기

도형들을 조합하여 나만의 도장을 만들어 봅시다. 도장에 글씨를 삽입해 칭찬 도장을 만드는 법을 알아봅시다.

학 습 목 표

- ✔ 도형을 삽입하고 정렬해 도장을 만들 수 있습니다.
- ✔ [Align]메뉴를 사용해 도형을 정렬하여 도장 손잡이를 만들 수 있습니다.

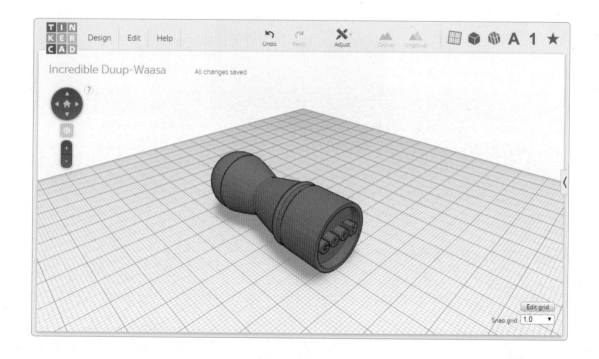

한 걸음 더

- 여러 가지의 도형을 삽입해 도장을 만들 수 있습니다.
- 글씨 말고도 도형을 삽입해 여러 가지의 도장을 만들 수 있습니다.

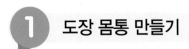 도장 몸통 만들기

여러 도형을 삽입하고 [Align]메뉴를 이용해 도형을 정렬하는 법을 알아보겠습니다.

❶ 도형 모음에서 [Cylinder]를 선택한 후 드래그해 삽입한 후 그림과 같이 크기를 변경합니다.

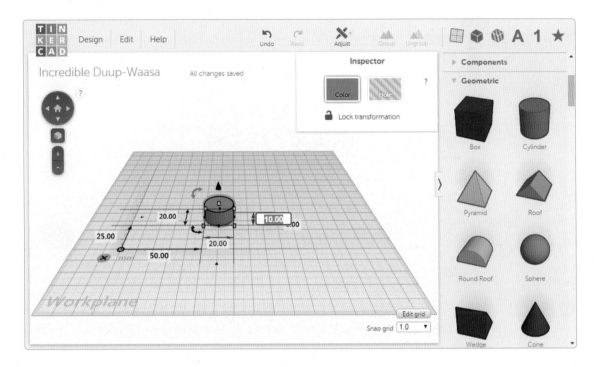

❷ 도형 모음에서 [Paraboloid]를 선택한 후 드래그해 삽입한 후 그림과 같이 크기를 변경합니다.

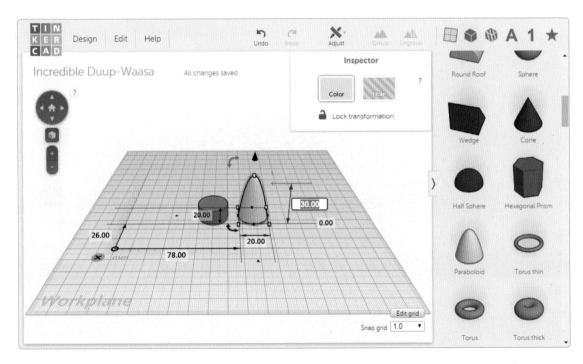

❸ 도형을 바닥에서 '10.00mm' 만큼 들어 올린 후 [Align] 메뉴를 사용해 가운데 정렬시킵니다.

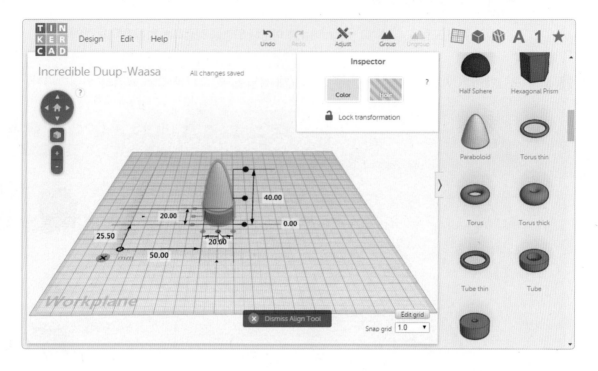

❹ 도형 모음에서 [Paraboloid]를 선택한 후 드래그해 삽입한 후 180도 회전합니다. 그 후 바닥에서 '20.00mm' 만큼 들어 올린 후 [Align] 메뉴를 사용해 가운데 정렬시킵니다.

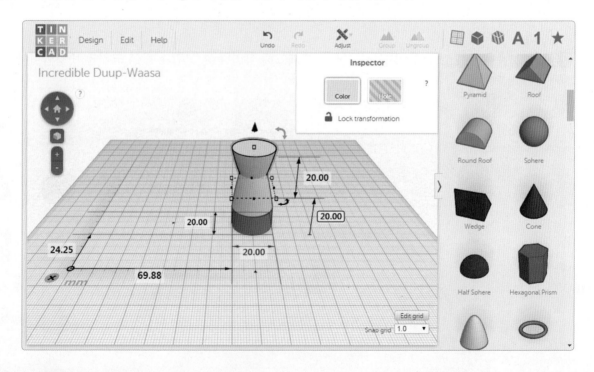

❺ 도형 모음에서 [Torus thin]를 선택한 후 드래그해 삽입한 후 바닥에서 '12.00mm' 만큼 들어 올린 후 [Align] 메뉴를 사용해 가운데 정렬시킵니다.

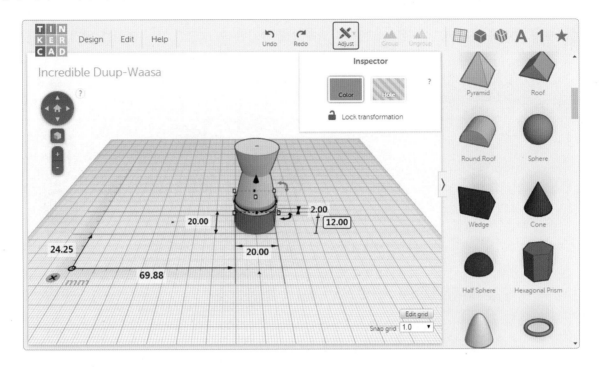

❻ 도형 모음에서 [Sphere]를 삽입하고, 바닥에서 '33.00mm' 만큼 들어 올린 후 [Align] 메뉴를 사용해 가운데 정렬시킵니다. 그 후 도형을 전체 선택 후 [Group] 메뉴를 클릭합니다.

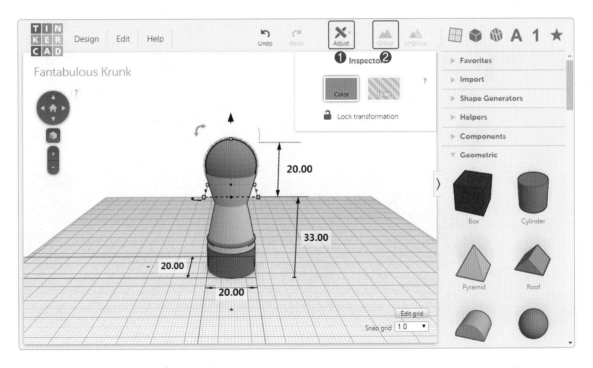

❶ 도형 모음에서 [Cylinder]를 선택한 후 드래그해 삽입한 후 그림과 같이 크기를 변경합니다.

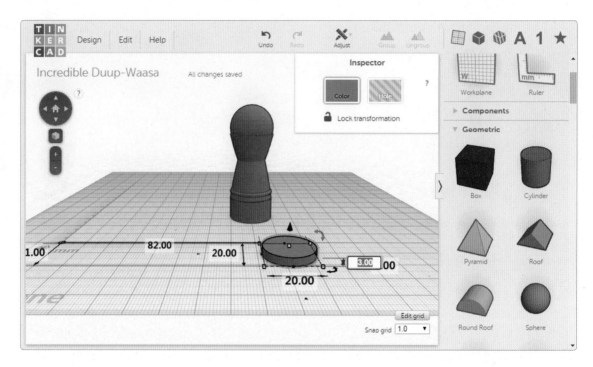

❷ 삽입한 도형을 복사한 후 그림과 같이 크기를 변경합니다.

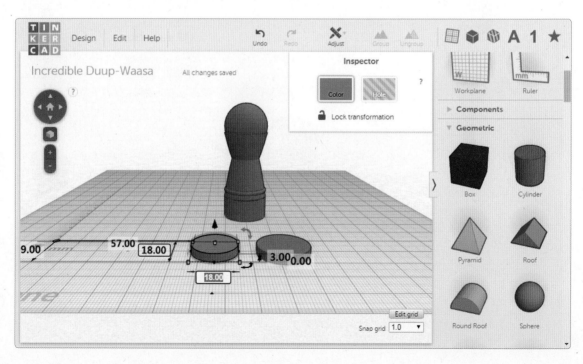

❸ 복사한 도형을 [Hole] 처리한 후 [Align] 메뉴를 사용해 가운데 정렬시킵니다. 그 후 [Group] 메뉴를
클릭합니다.

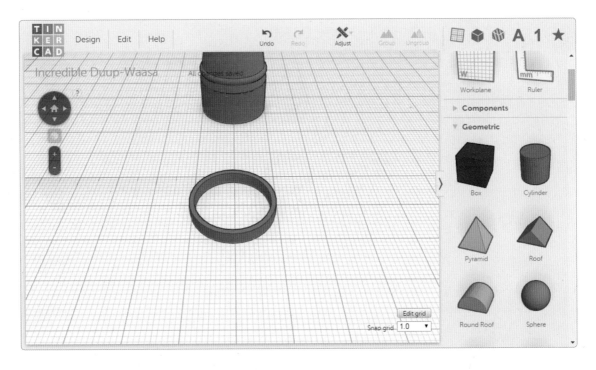

❹ 도형 모음에서 [Letters]에서 그림과 같이 알파벳도형을 선택한 후 드래그해 삽입하고 그림과 같이 크기
를 변경합니다.

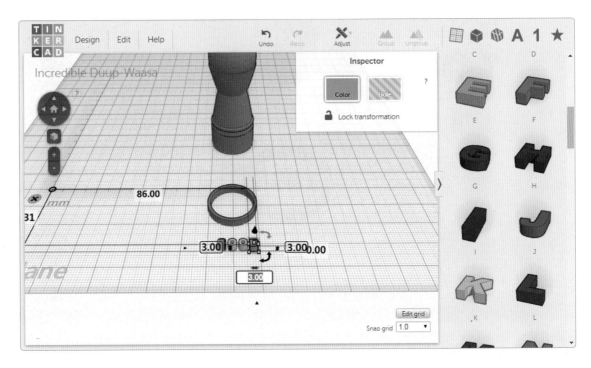

⑤ 알파벳 도형을 [Align] 메뉴를 사용해 가운데 정렬시킵니다. 그 후 [Group] 메뉴를 클릭합니다.

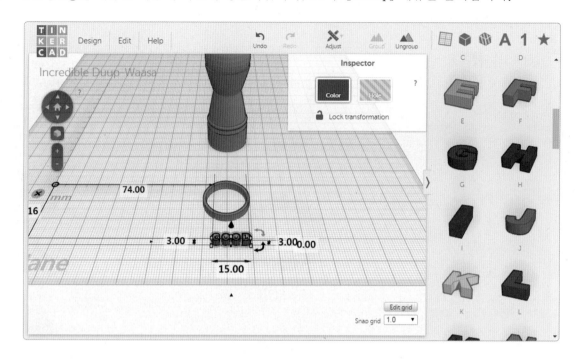

⑥ 두 도형을 선택한 후 [Align] 메뉴를 사용해 가운데 정렬시킵니다. [Adjust] 메뉴에서 [Mirror] 메뉴를 선택하면 나타나는 화살표를 클릭해 그림과 같이 만듭니다.

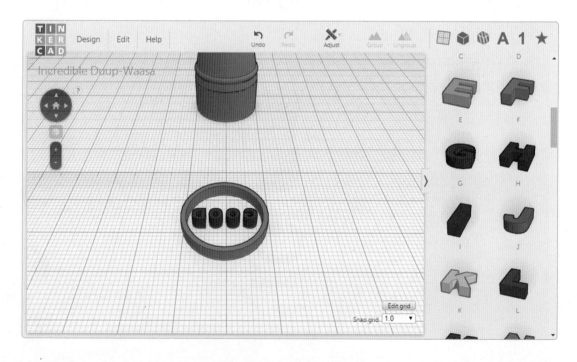

 Tip
> 도장의 글씨는 찍으면 거꾸로 찍히기 때문에 글씨를 삽입 시 거꾸로 돌린 상태로 삽입해야 제대로 찍힙니다.

❼ 만들어둔 도장 몸통을 선택해 바닥에서 '3.00mm' 들어 올린 후 [Align] 메뉴를 사용해 가운데 정렬시킵니다.

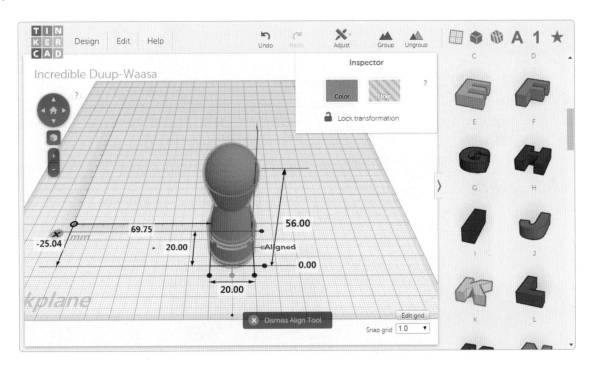

❽ 도형을 전체 선택 후 [Group] 메뉴를 클릭합니다.

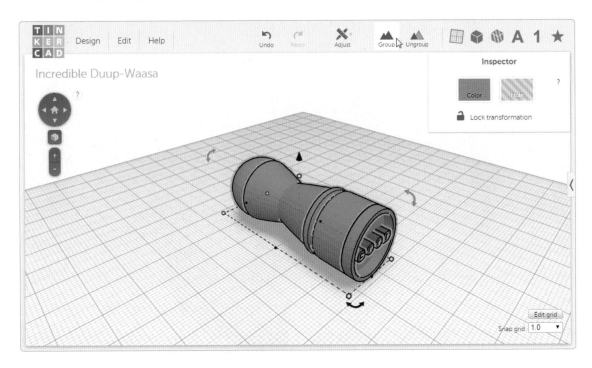

1 그림과 같이 도장을 만들어 보세요.

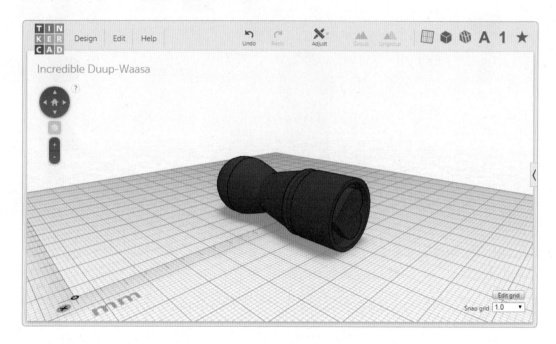

2 그림과 같이 도장을 만들어 보세요.

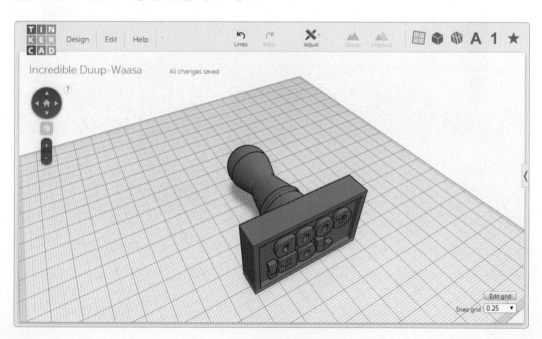

17 팽이 만들기

도형을 조합해 나만의 팽이를 만드는 법을 배워봅시다. 멋진 팽이를 만들어
친구들과 대결을 펼쳐봅시다.

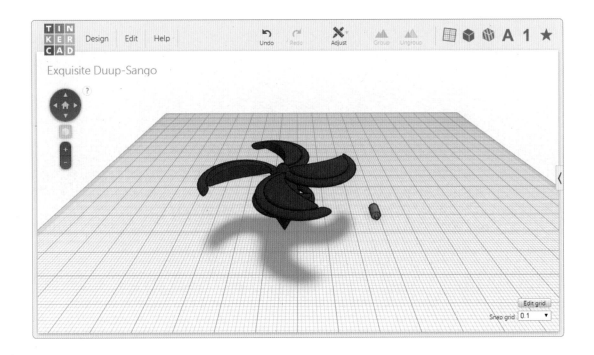

한 걸음 더

도형을 삽입하여 위치를 변경시키고 크기를 내가 원하는 대로 변경하여 여러 가지의 팽이를 만들
수 있습니다.

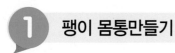

팽이 몸통만들기

여러 도형을 삽입하고 [Align]메뉴를 이용해 도형을 정렬하는 법을 알아보겠습니다.

❶ 도형 모음에서 [Cone], [Pyramid], [Paraboloid]를 삽입한 후 그림과 같이 크기를 변경합니다.

(가로 : 10mm, 세로 : 10mm, 높이 : 10mm)

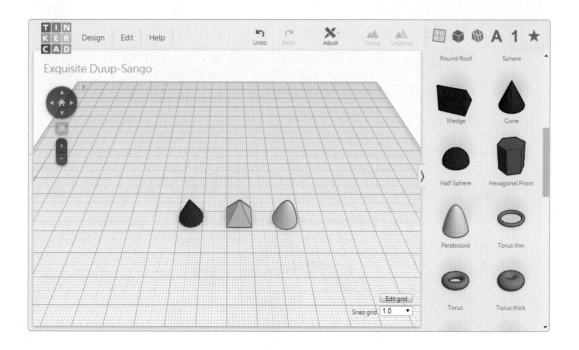

❷ 도형을 회전시키고 이동한 후 [Align] 메뉴를 이용해 정렬시킵니다. 그 후 도형을 전체 선택 후 [Group] 메뉴를 클릭합니다.

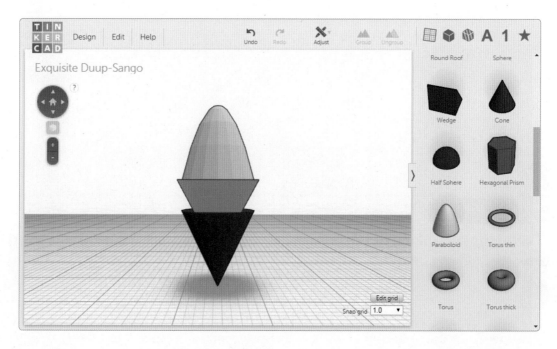

❸ 도형 모음에서 [Torus thin], [Box]를 삽입한 후 그림과 같이 크기를 변경합니다.

([Box] : 가로 : 18mm, 세로 : 2mm, 높이 : 2mm)

([Torus thin] : 가로 : 20mm, 세로 : 20mm, 높이 : 2mm)

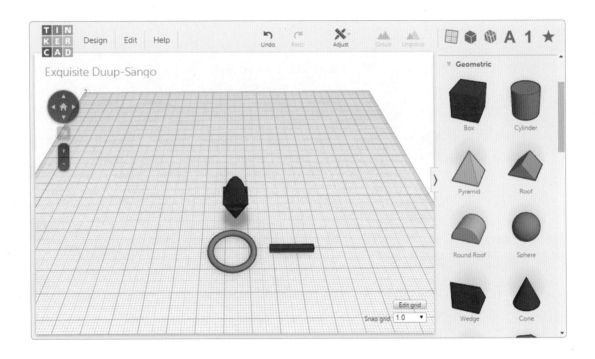

❹ [Align] 메뉴로 정렬 시킨 후 그림과 같이 이동합니다. 그 후 도형을 전체 선택 후 [Group] 메뉴를 클릭합니다.

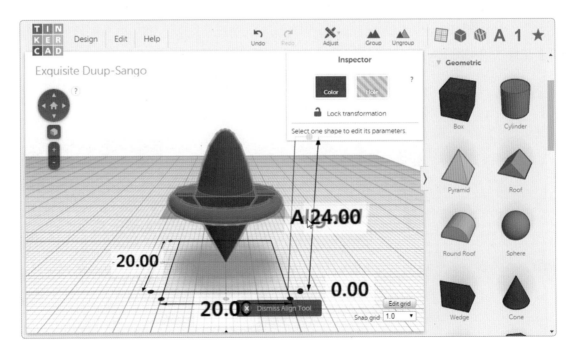

[Align]메뉴와 [Mirror]메뉴를 사용해 팽이의 날개를 만드는 법을 알아보겠습니다.

❶ 도형 모음에서 [Torus thin], [Sphere]를 삽입한 후 그림과 같이 크기를 변경합니다. 그 후 [Align] 메뉴로 정렬시킵니다.

([Sphere] : 가로 : 20mm, 세로 : 20mm, 높이 : 4mm)

([Torus thin] : 가로 : 25mm, 세로 : 25mm, 높이 : 2mm)

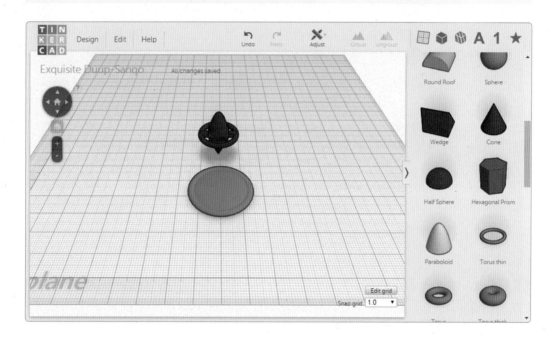

❷ 도형 모음에서 [Cylinder]를 삽입한 후 그림과 같이 크기를 변경합니다.

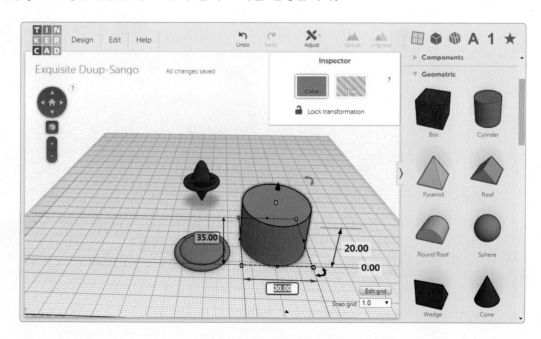

❸ 삽입한 도형을 [Hole] 처리한 후 그림과 같이 이동하여 [Group] 메뉴를 클릭합니다.

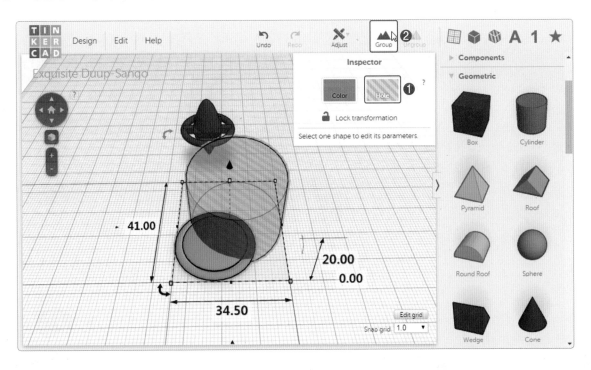

❹ 그림과 같이 이동시키고 회전시킵니다.

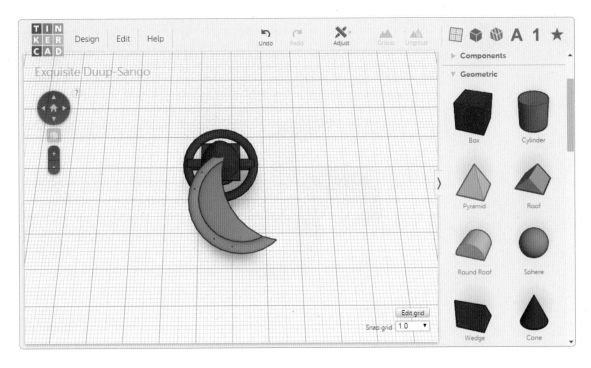

❺ 도형을 복사해 [Mirror] 메뉴를 이용해 그림과 같이 배치합니다.

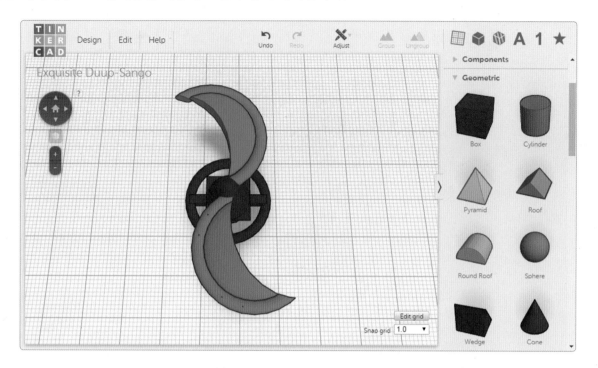

❻ 위와 같은 방법으로 그림과 같이 팽이 날개를 배치하고 [Group] 메뉴를 이용해 완성합니다.

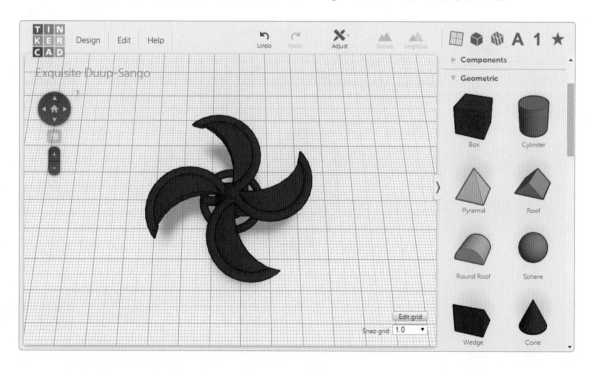

3 팽이 손잡이 만들기

① 도형 모음에서 [Cylinder] 2개를 삽입한 후 크기를 변경합니다.

([Cylinder] : 가로 : 3mm, 세로 : 3mm, 높이 : 5mm)

([Cylinder] : 가로 : 1mm, 세로 : 1mm, 높이 : 3mm)

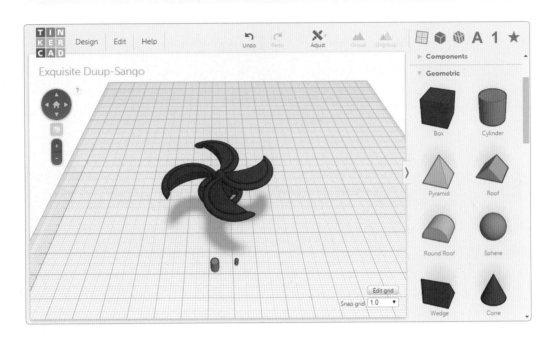

② 작은 원기둥을 복사한 후 [Hole] 처리하고 그림과 같이 이동시킵니다. 그 후 [Group] 메뉴를 클릭합니다.

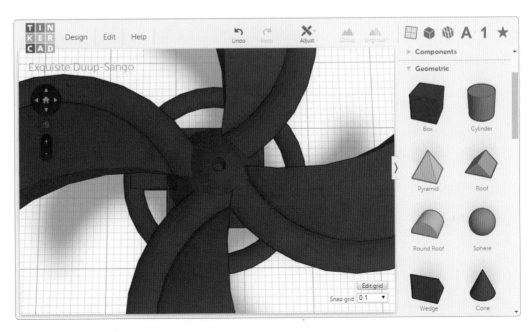

❸ 원기둥을 선택해 그림과 같이 만듭니다.

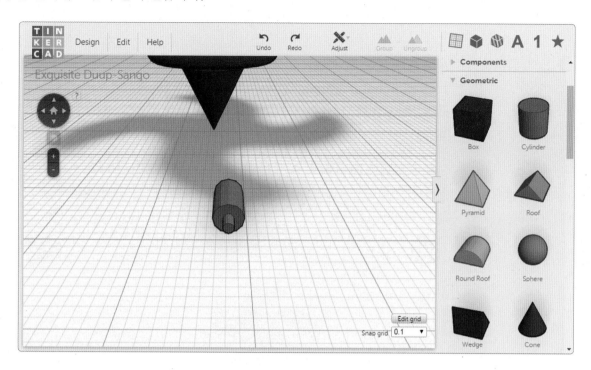

1 그림과 같이 팽이를 만들어 보세요.

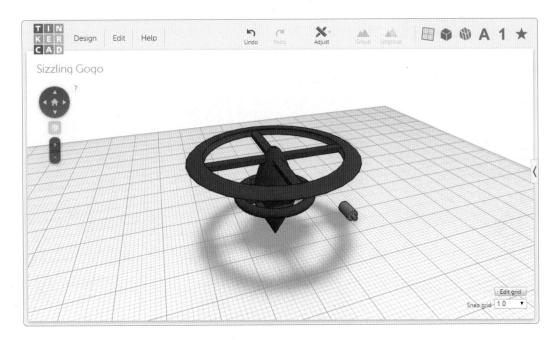

2 그림과 같이 팽이를 만들어 보세요.

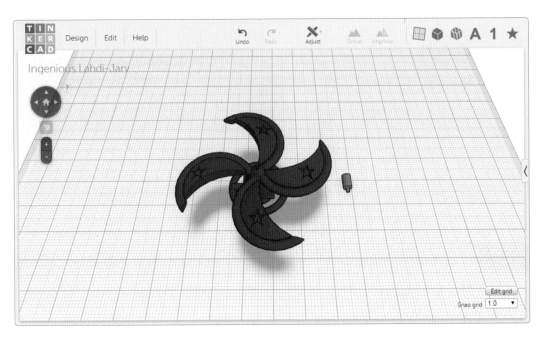

18 할로윈 호박

간식을 담거나 전등을 달 수 있는 할로윈 호박 바구니를 만드는 법을 배워봅시다. 도형을 조합해 할로윈 호박을 만들어봅시다.

학 습 목 표

✅ 도형을 삽입하고 [Group]메뉴를 이용해 할로윈 호박을 만들 수 있습니다.

✅ [Hole]메뉴를 사용해 호박의 얼굴을 만들 수 있습니다.

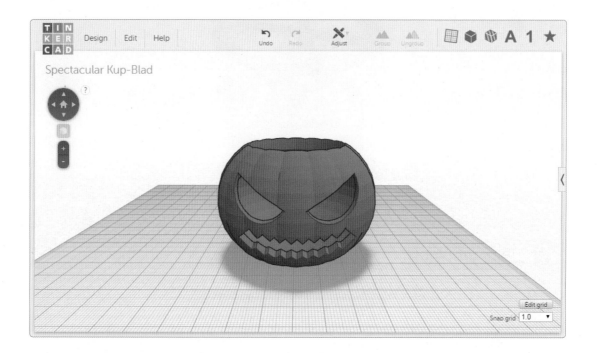

한 걸음 더

● 도형을 삽입하고 [Hole] 메뉴를 이용해 할로윈 호박을 만들 수 있습니다.

● 호박 안에 초나 전등을 넣어 분위기를 띄울 수 있습니다.

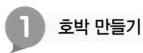

호박 만들기

도형을 삽입해 [Group]메뉴를 이용해 합친 후 복사, 붙여넣기를 이용하여 호박을 만드는 법을 알아
보겠습니다.

❶ 도형 모음에서 [Geometric]을 클릭해 [Torus]를 선택한 후 드래그해 삽입한 후 그림과 같이 회전시키고
크기를 변경합니다.

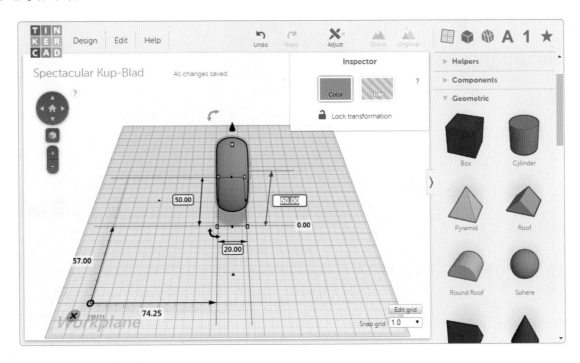

❷ 삽입한 도형을 복사한 후 그림과 같이 이동합니다.

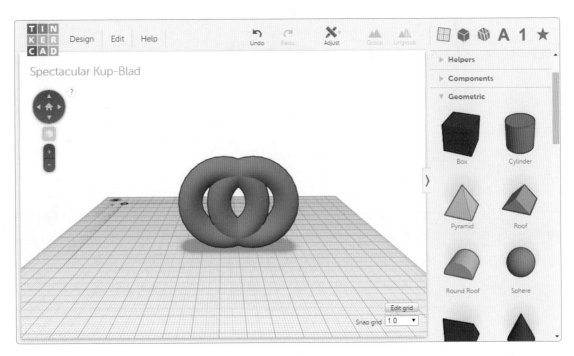

❸ 도형을 전체 선택한 후 [Group] 메뉴를 클릭합니다.

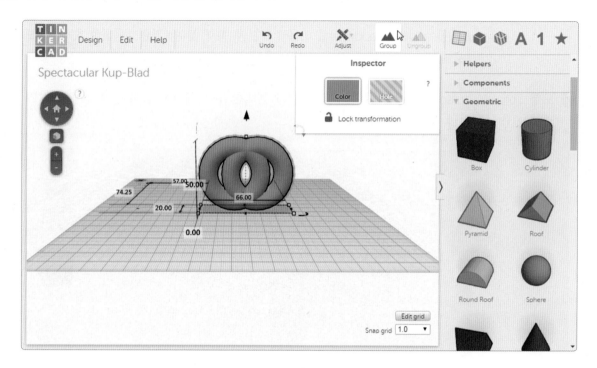

❹ 합친 도형을 복사한 후 그림과 같이 이동하고 도형을 전체 선택한 후 [Group] 메뉴를 클릭합니다.

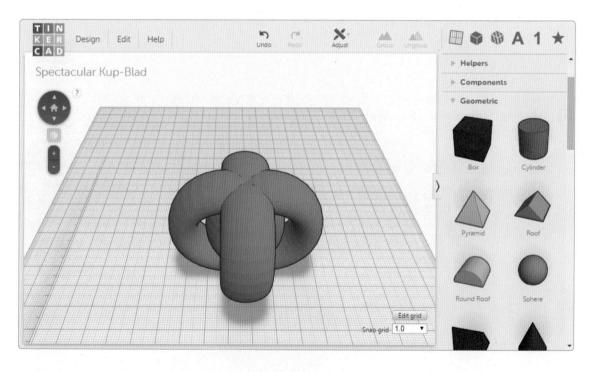

❺ 합친 도형을 복사한 후 그림과 같이 이동하고 도형을 전체 선택한 후 [Group] 메뉴를 클릭합니다.

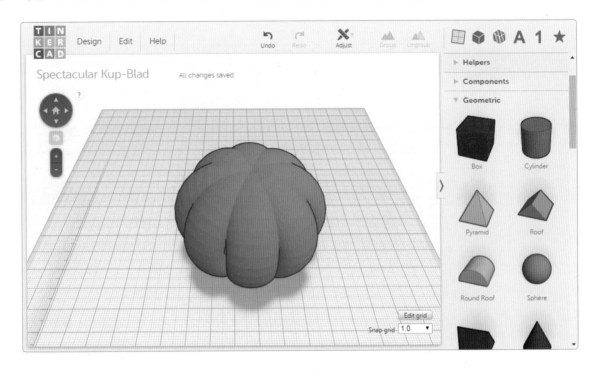

❻ 합친 도형을 복사한 후 그림과 같이 회전시켜 빈곳을 채우고 도형을 전체 선택한 후 [Group] 메뉴를 클릭합니다.

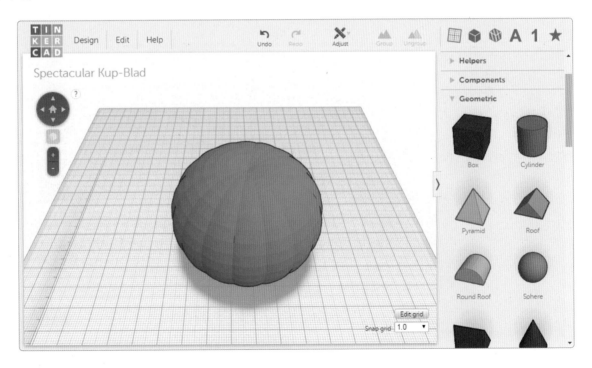

❼ 도형 모음에서 [Geometric]을 클릭해 [Sphere]를 선택한 후 드래그해 삽입한 후 그림과 같이 크기를 변경합니다.

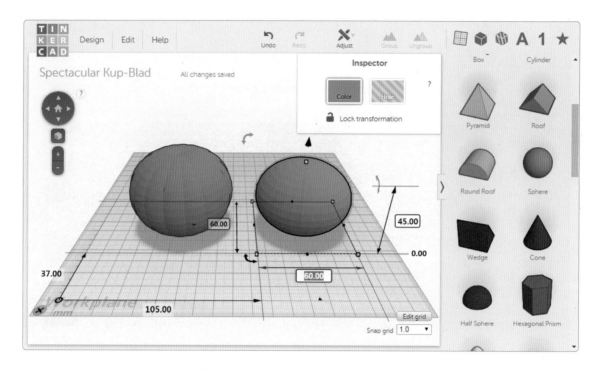

❽ 삽입한 도형을 [Hoie] 처리한 후 [Align] 메뉴를 사용해 가운데 정렬시킵니다. 그 후 도형을 전체 선택한 후 [Group] 메뉴를 클릭합니다.

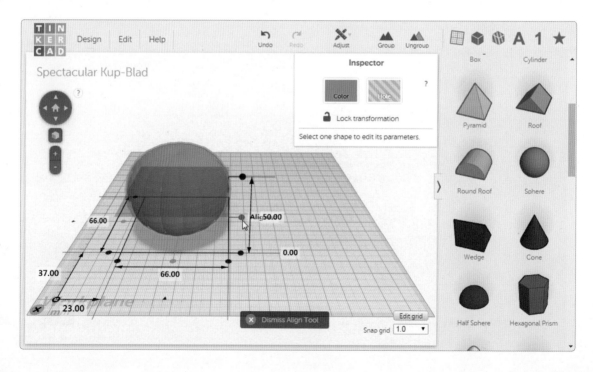

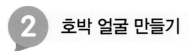

호박 얼굴 만들기

[Hole]메뉴를 사용해 호박의 얼굴을 만드는 법을 알아보겠습니다.

❶ 도형 모음에서 [Geometric]을 클릭해 [Round Roof]를 선택한 후 드래그해 삽입한 후 그림과 같이 회전합니다.

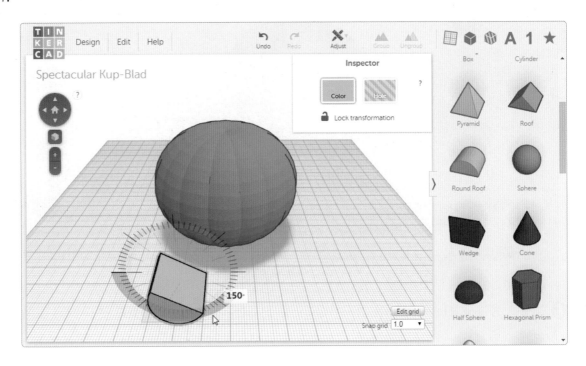

❷ 삽입한 도형을 복사한 후 [Adjust]-[Mirror] 메뉴를 클릭해 나타나는 화살표 중 좌,우 변화 화살표를 클릭합니다.

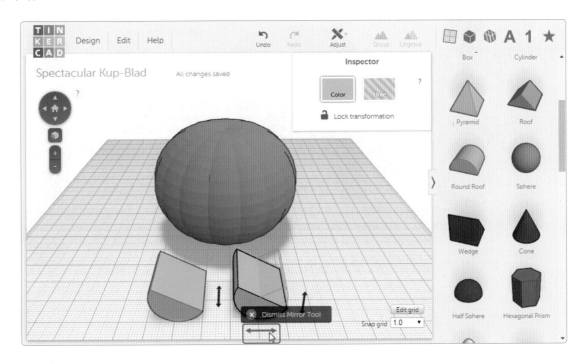

❸ 도형을 선택한 후 [Hole] 처리하여 그림과 같이 이동합니다. 그 후 도형을 전체 선택한 후 [Group] 메뉴를 클릭하면 호박의 눈이 완성됩니다.

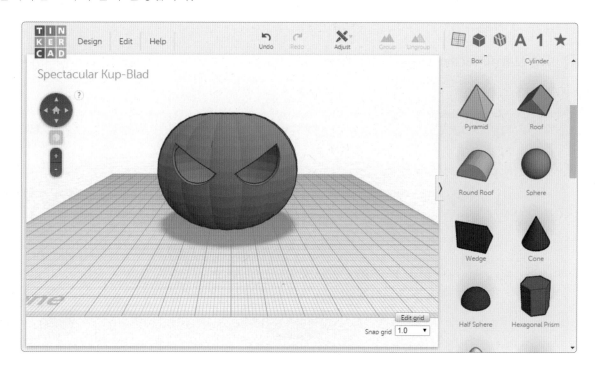

❹ 도형 모음에서 [Geometric]을 클릭해 [Box]를 선택한 후 드래그해 삽입한 후 그림과 같이 크기를 변경합니다.

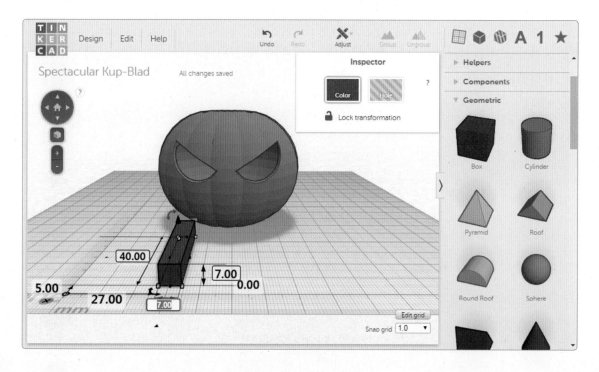

❺ 삽입한 도형을 [Hole] 처리한 후 그림과 같이 회전합니다.

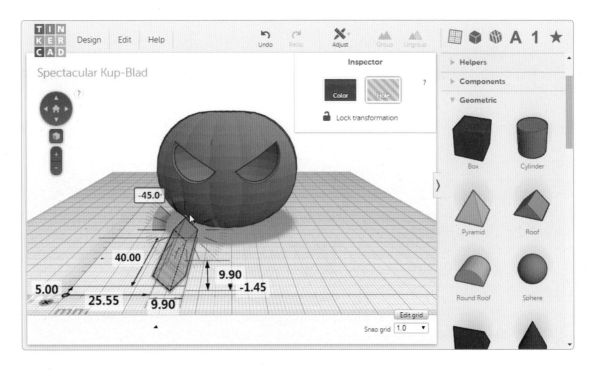

❻ 도형을 그림과 같이 이동하고 복사합니다.

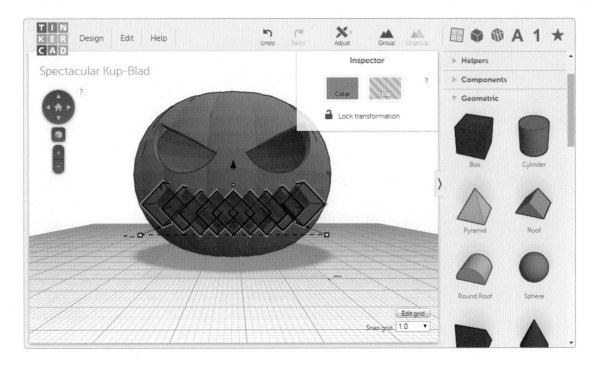

❼ 호박의 색상을 변경하고 도형 모음에서 [Cylinder]를 삽입한 후 그림과 같이 크기를 변경합니다.

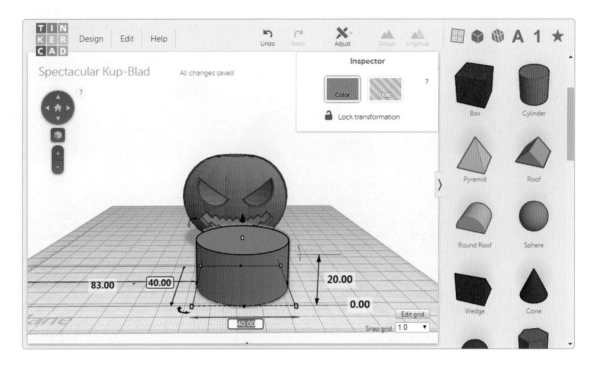

❽ 도형을 [Hole] 처리한 후 [Align] 메뉴를 사용해 정렬시킵니다. 그 후 도형을 전체 선택한 후 [Group] 메뉴를 클릭합니다.

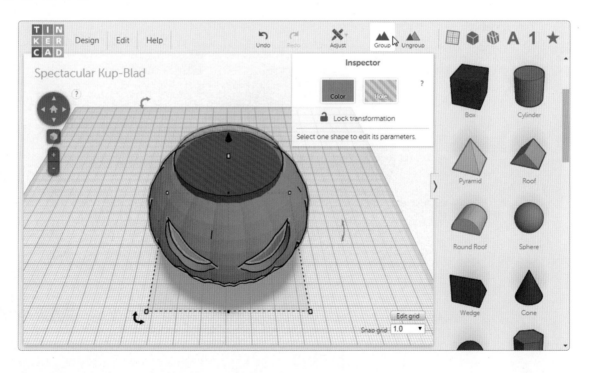

1 그림과 같이 할로윈 호박을 만들어 보세요.

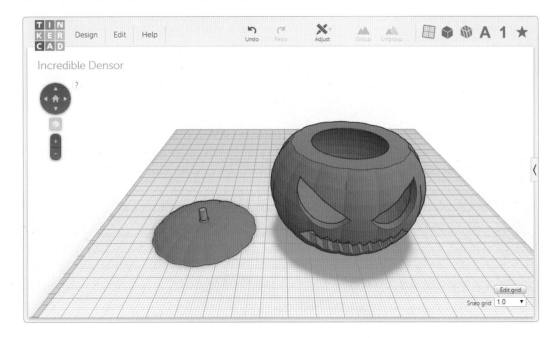

2 그림과 같이 할로윈 호박을 만들어 보세요.

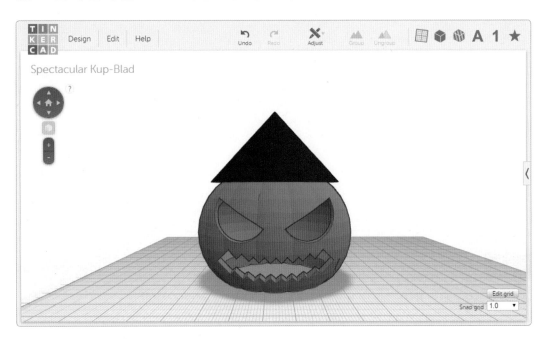

19 포켓몬 볼 보관함 만들기

두 개의 모형을 만들어 연결하여 사용할 수 있는 보관함을 만들어 봅시다.
포켓몬 볼모양의 보관함을 만드는 법을 배워봅시다.

학 습 목 표

✅ 도형을 삽입하고 [Hole]메뉴를 이용해 포켓몬 볼을 만들 수 있습니다.

✅ [Hole]메뉴를 사용해 보관함을 만들 수 있습니다.

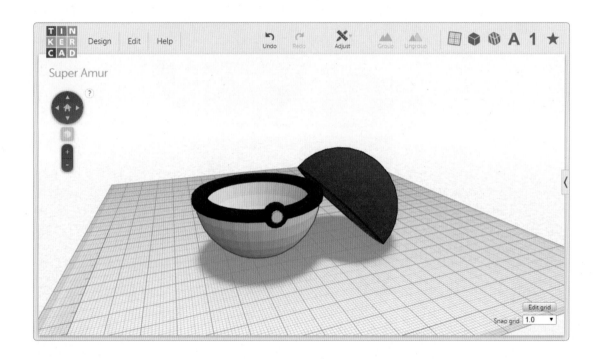

한 걸음 더

● 도형을 삽입하고 [Hole] 메뉴를 이용해 포켓몬 볼을 만들 수 있습니다.

● 여러 가지의 포켓몬 볼을 만들 수 있습니다.

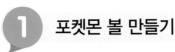

포켓몬 볼 만들기

[Sphere] 도형을 [Hole] 메뉴를 이용해 반으로 나누고 색상을 변경하고 꾸미면 포켓몬 볼을 만들 수 있습니다.

1 도형 모음에서 [Sphere]를 삽입한 후 그림과 같이 크기를 변경합니다.

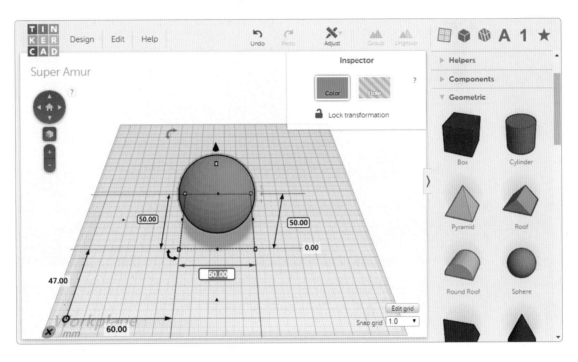

2 도형 모음에서 [Cylinder]를 삽입한 후 그림과 같이 크기를 변경합니다.

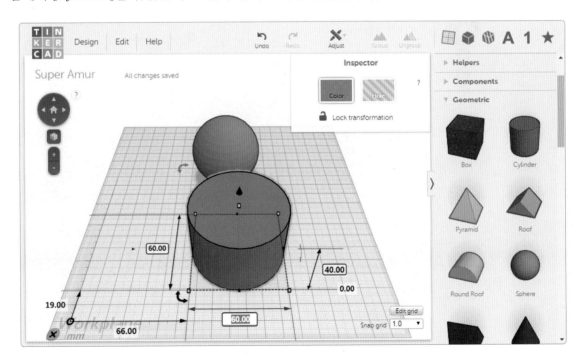

❸ 도형을 [Hole] 처리한 후 [Align] 메뉴를 사용해 정렬시키고 바닥에서 '25mm' 띄웁니다. 그 후 도형을 전체 선택한 후 [Group] 메뉴를 클릭합니다.

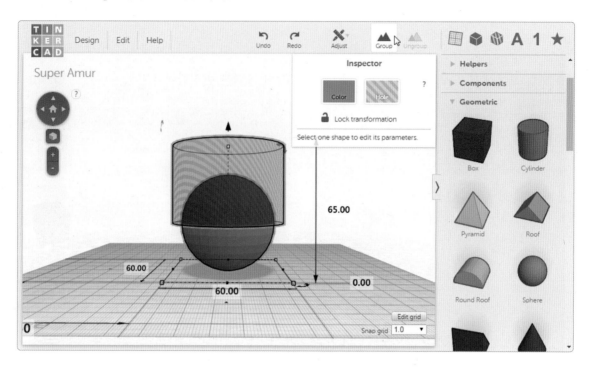

❹ 도형의 색상을 변경하여 복사한 후 그림과 같이 크기를 변경합니다.

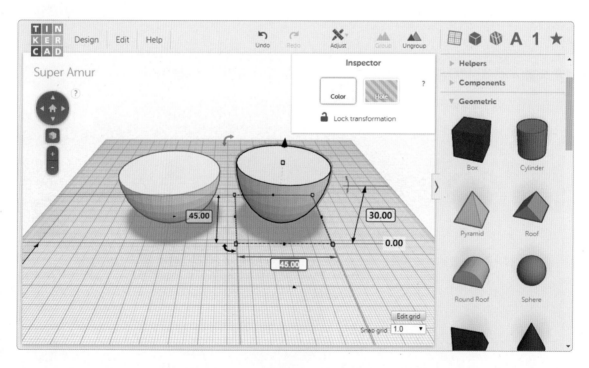

❺ 복사한 도형을 [Hole] 처리한 후 [Align] 메뉴를 사용해 정렬시키고 바닥에서 '5mm' 띄웁니다. 그 후 도형을 전체 선택한 후 [Group] 메뉴를 클릭합니다.

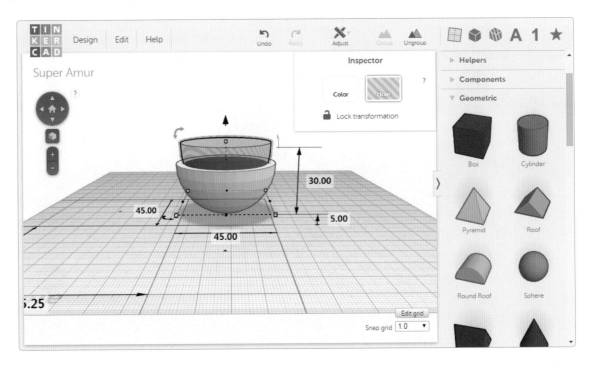

❻ 도형을 복사한 후 색상을 변경합니다. 그 후 그림과 같이 회전합니다.

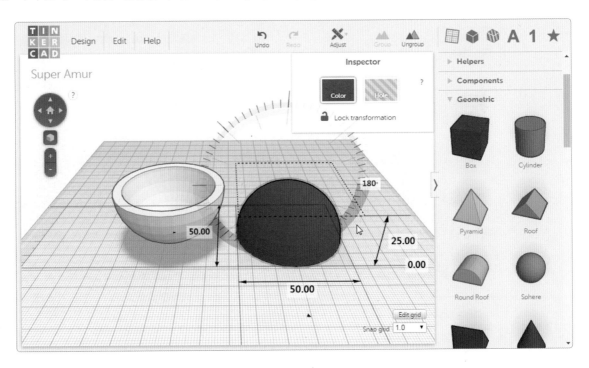

❼ 도형 모음에서 [Tube thin]를 삽입한 후 그림과 같이 크기를 변경합니다.

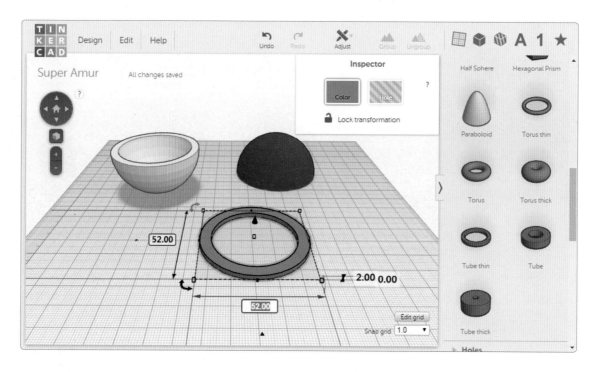

❽ 도형의 색상을 바꾸고 하얀색 도형과 같이 선택해 [Align] 메뉴를 사용해 정렬시키고 [Group] 메뉴를 클릭합니다.

❾ 도형 모음에서 [Tube thin]와 [Cylinder]를 삽입한 후 그림과 같이 크기를 변경시키고 회전합니다.

([Tube thin] : 가로 : 8mm , 세로 : 2mm, 높이 : 8mm)

([Cylinder] : 가로 : 4mm , 세로 : 4mm, 높이 : 3mm)

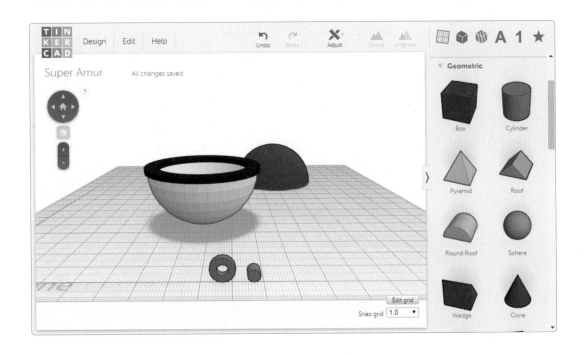

❿ 그림과 같이 색상을 변경하고 이동시킨 후 [Align] 메뉴로 정렬시키고 [Group] 메뉴를 클릭합니다.

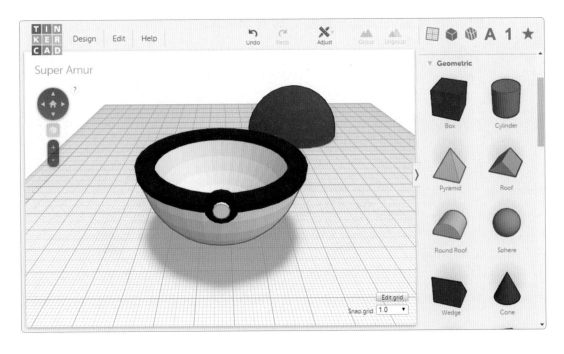

1 그림과 같이 포켓몬 볼을 만들어 보세요.

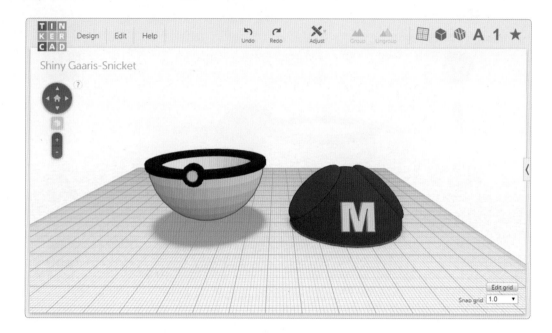

2 그림과 같이 포켓몬 볼을 만들어 보세요.

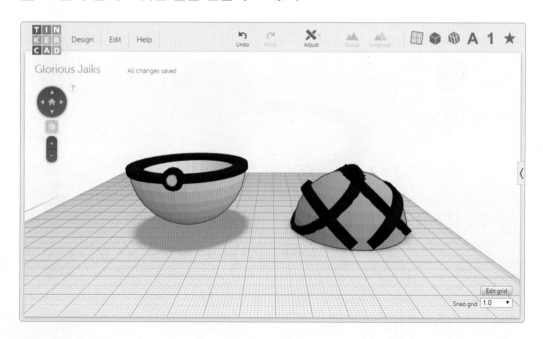

20 도너츠 이어폰 줄감개 만들기

도형을 조합해 이어폰 줄감개를 만들어 봅시다. 밋밋한 이어폰 줄감개가 아닌
보기에도 맛있어 보이는 도너츠를 만들어 이어폰 줄을 정리해 봅시다.

학 습 목 표

✅ 도형을 삽입하고 변형하여 도너츠를 만들 수 있습니다

✅ 도형을 삽입하고 [Hole]메뉴를 사용해 이어폰 줄감개를 만들 수 있습니다.

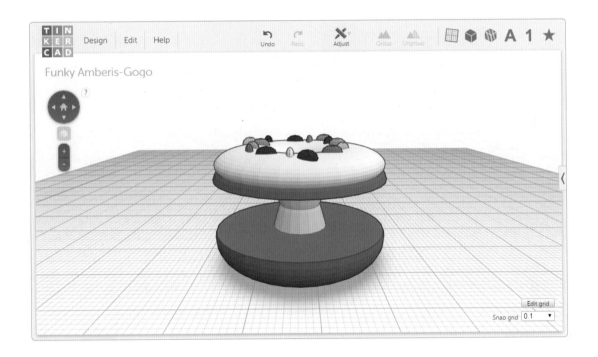

한걸음 더

● 도형을 조합해 도너츠를 만들고 [Hole] 메뉴를 이용해 이어폰 줄감개를 만들 수 있습니다.

● 여러 가지 색상으로 만들어 도너 츠 세트를 만들 수 있습니다.

❶ 도형 모음에서 [Torus thick]을 삽입한 후 그림과 같이 크기를 변경합니다.

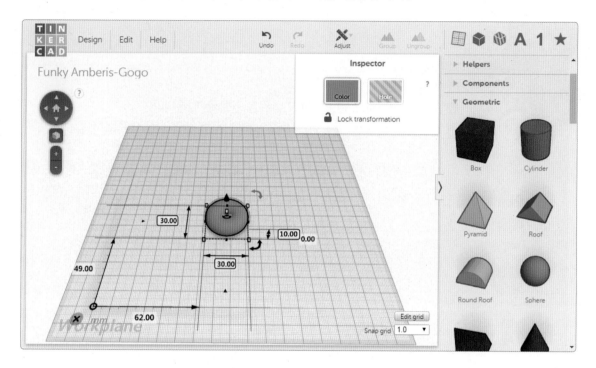

❷ 도형 모음에서 [Torus thick]을 삽입한 후 그림과 같이 크기를 변경합니다.

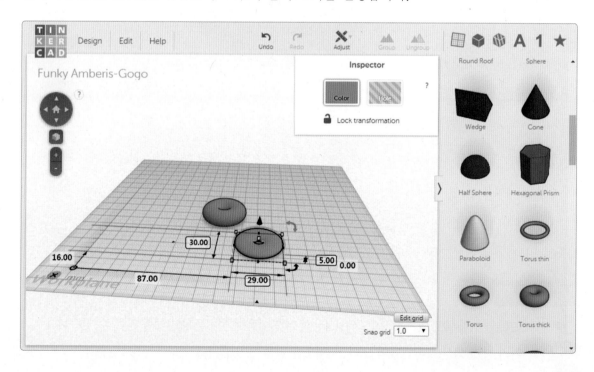

❸ 삽입한 도형의 색상을 그림과 같이 변경하고 이동합니다. 그 후 [Group] 메뉴를 클릭합니다.

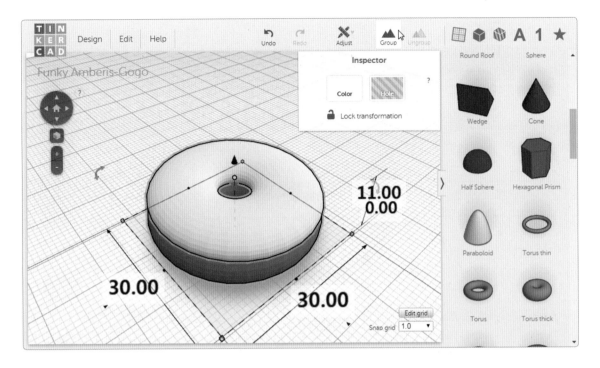

❹ 도형 모음에서 [Sphere]을 삽입한 후 그림과 같이 크기를 변경합니다.

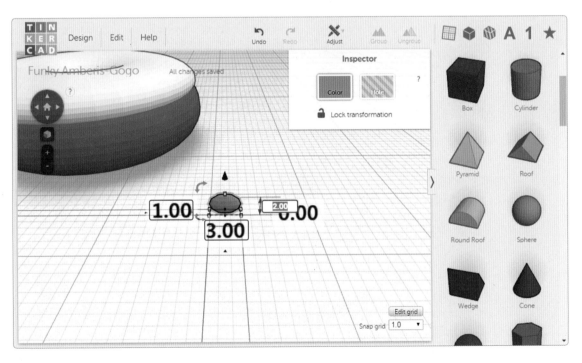

❺ 바닥에서 '10m' 띄운 후 그림과 같이 이동합니다.

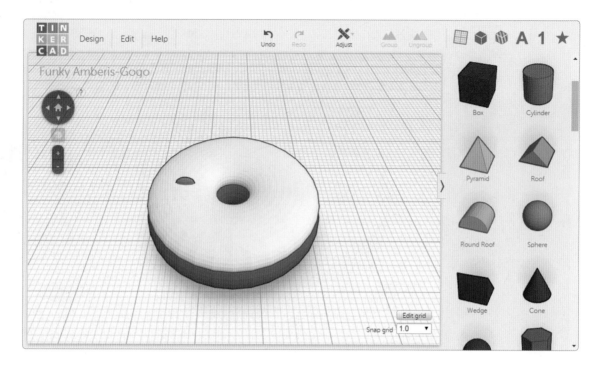

❻ 도형을 복사하여 그림과 같이 색상을 변형한 후 배치합니다. 그 후 [Group] 메뉴를 클릭합니다.

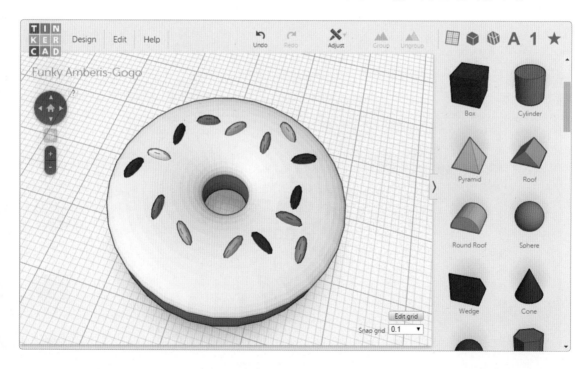

이어폰 줄감개 만들기

[Hole]메뉴를 사용해 도너츠를 반으로 자른 후 도형을 삽입해 이어폰 줄감개를 만드는법을 알아보겠
습니다.

❶ 도형 모음에서 [Cylinder]을 삽입한 후 그림과 같이 크기를 변경합니다.

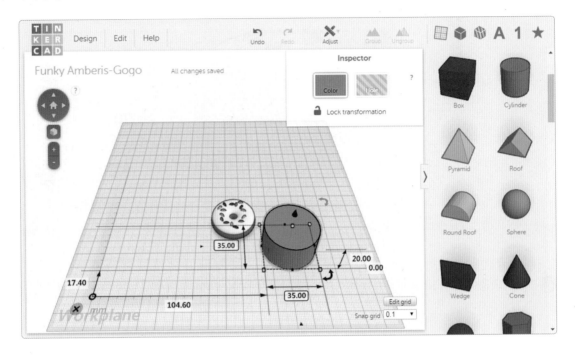

❷ 도너츠를 복사하고 삽입한 도형을 [Hole] 처리하고 그림과 같이 이동합니다. 그 후 [Group] 메뉴를 클
릭합니다.

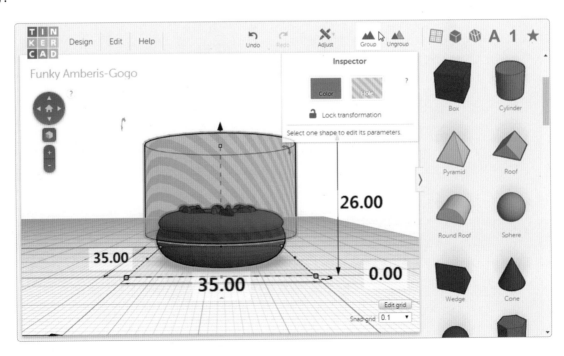

③ 위와 같은 방법으로 도너츠 아랫부분을 지웁니다.

④ 도형 모음에서 [Paraboloid]을 삽입한 후 그림과 같이 크기를 변형합니다.

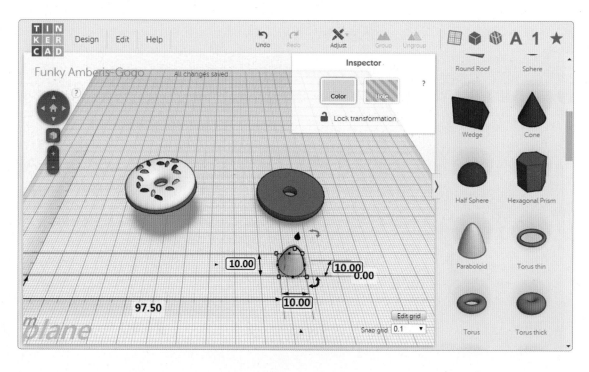

❺ 삽입한 도형을 복사한 후 그림과 같이 회전시키고 이동합니다. 그 후 [Group] 메뉴를 클릭합니다.

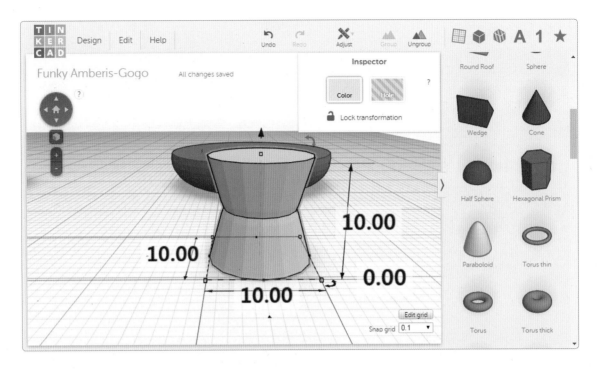

❻ 바닥에서 '5.00mm' 띄운 후 도형 전체를 선택해 [Align] 메뉴로 정렬시키고 [Group] 메뉴를 클릭합니다.

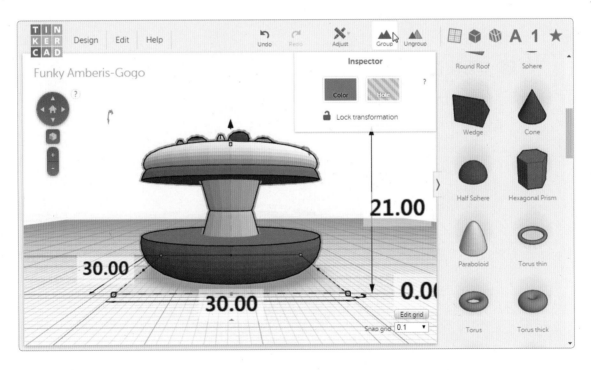

1 그림과 같이 이어폰 줄감개를 만들어 보세요.

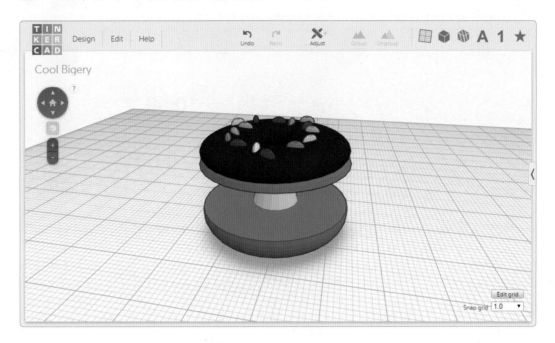

2 그림과 같이 이어폰 줄감개를 만들어 보세요.

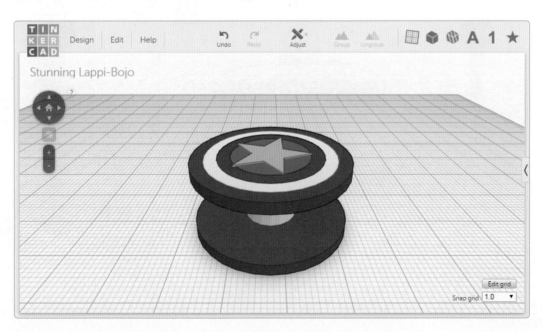

21 펭귄 저금통 만들기

도형을 조합해 저금통을 만드는 법을 배워봅시다. 귀여운 펭귄 저금통을 만들어 절약하는 법을 배워봅시다.

학습목표

✓ 도형을 삽입하고 변형하여 펭귄을 만들 수 있습니다
✓ [Hole]메뉴를 사용해 저금통을 만들 수 있습니다.

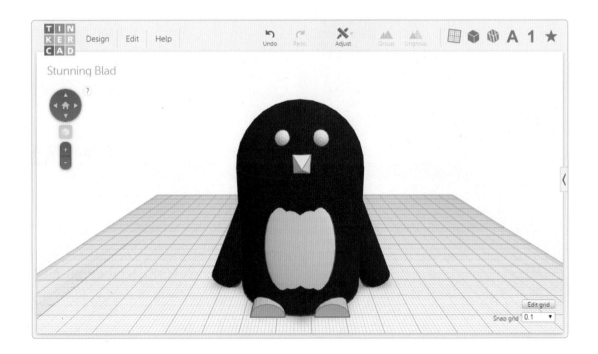

한걸음 더

도형을 삽입하고 조합하여 펭귄을 만들고 [Hole] 메뉴를 이용해 속을 지우면 저금통을 만들 수 있습니다.

❶ 도형 모음에서 [Half Sphere]을 삽입한 후 그림과 같이 크기를 변형합니다.

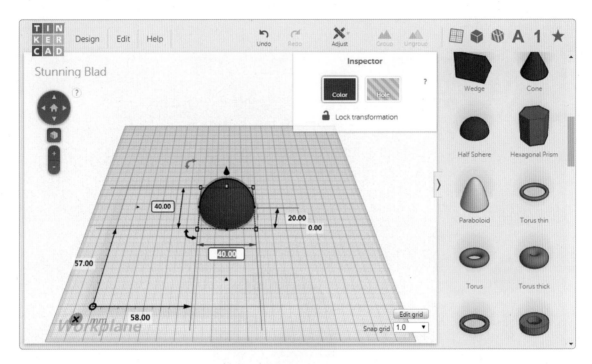

❷ 도형 모음에서 [Half Sphere] 2개를 삽입한 후 그림과 같이 크기를 변형합니다.

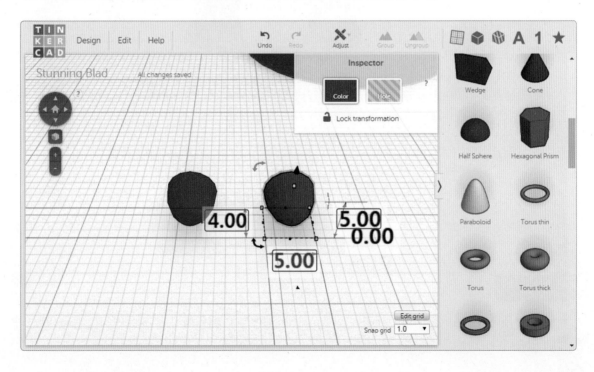

❸ 도형 모음에서 [Pyramid]를 삽입한 후 그림과 같이 크기를 변형합니다.

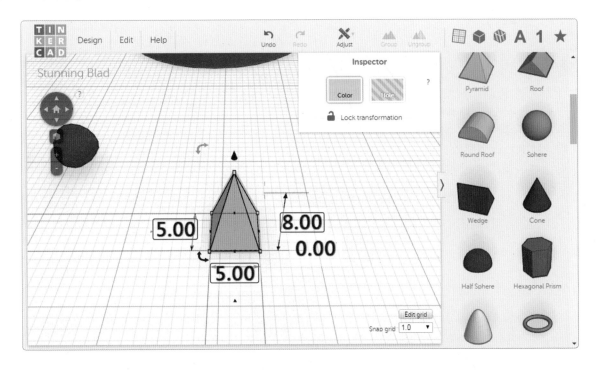

❹ 그림과 같이 도형의 색상을 변경하고 이동합니다. 그 후 [Group] 메뉴를 클릭합니다.

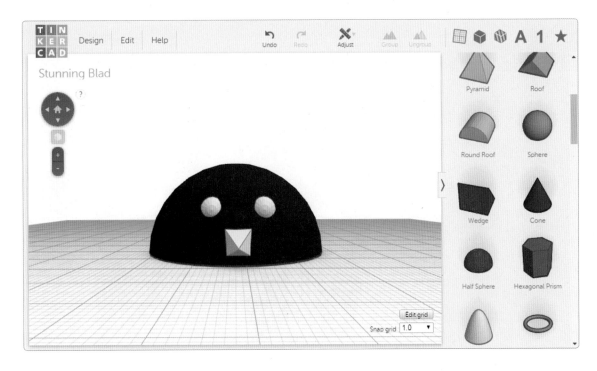

② 펭귄 몸통 만들기

❶ 도형 모음에서 [Cylinder]을 삽입한 후 그림과 같이 크기를 변형합니다.

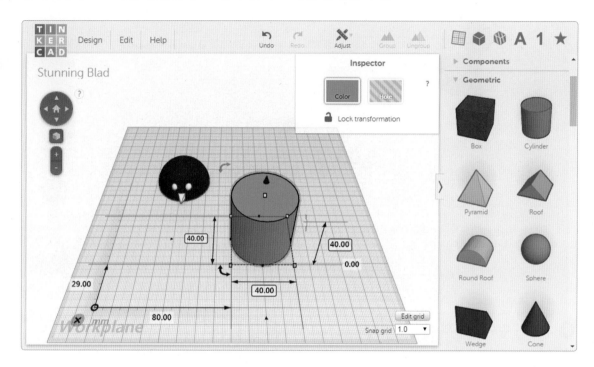

❷ 도형 모음에서 [Cylinder] 2개를 삽입한 후 그림과 같이 크기를 변형합니다.

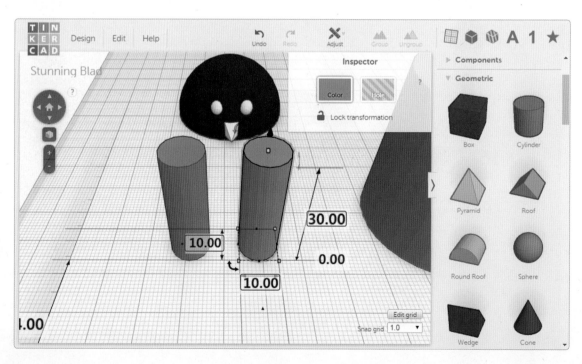

❸ 도형 모음에서 [Sphere]을 삽입한 후 그림과 같이 크기를 변형합니다.

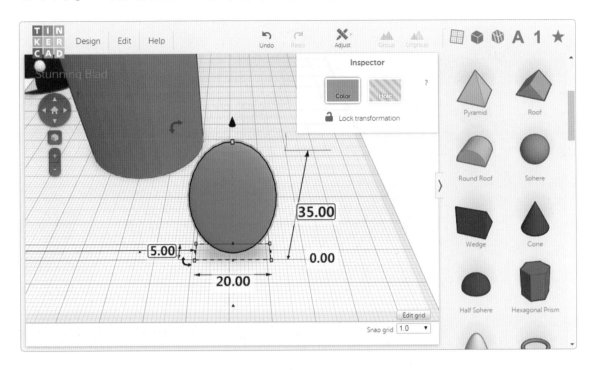

❹ 그림과 같이 도형의 색상을 변경하고 이동합니다. 그 후 [Group] 메뉴를 클릭합니다.

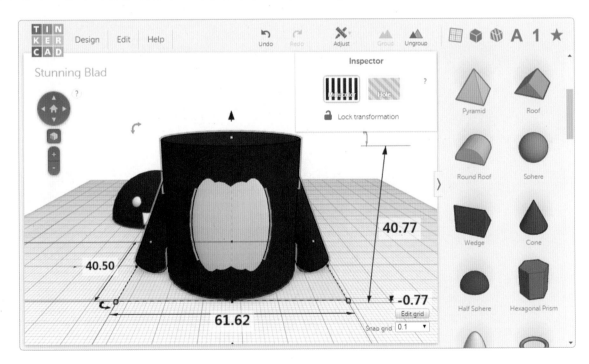

❺ 도형 모음에서 [Round Roof] 2개를 삽입한 후 그림과 같이 크기를 변형합니다.

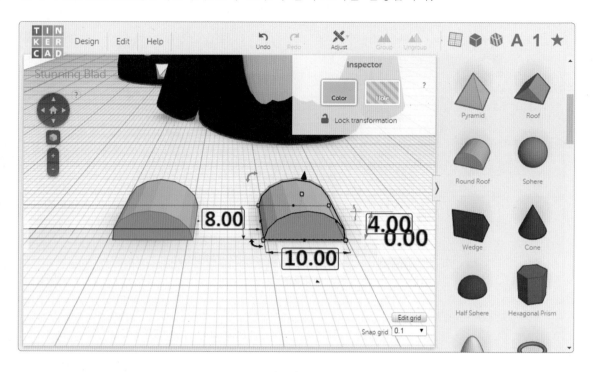

❻ 그림과 같이 도형의 색상을 변경하고 이동합니다. 그 후 도형 전체를 선택해 [Group] 메뉴를 클릭해 펭귄을 완성합니다.

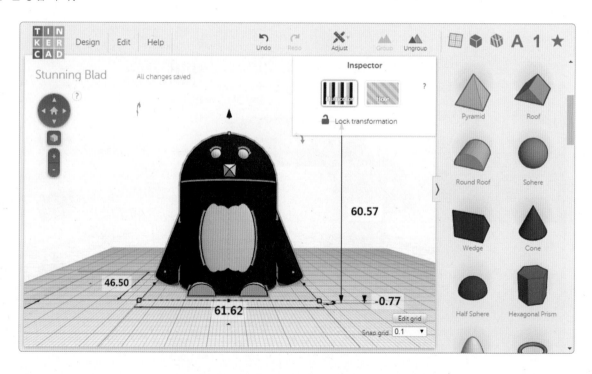

③ 저금통 만들기

완성한 펭귄 모형의 [Hole] 메뉴를 이용하면 저금통을 만들 수 있습니다.

❶ 도형 모음에서 [Half Sphere]와 [Cylinder]를 삽입한 후 크기를 변형합니다. 그 후 그림과 같이 정렬한 후 [Group] 메뉴를 클릭합니다.

([Half Sphere] : 가로 : 38mm , 세로 : 38mm, 높이 : 18mm)
([Cylinder] : 가로 : 38mm , 세로 : 38mm, 높이 : 38mm)

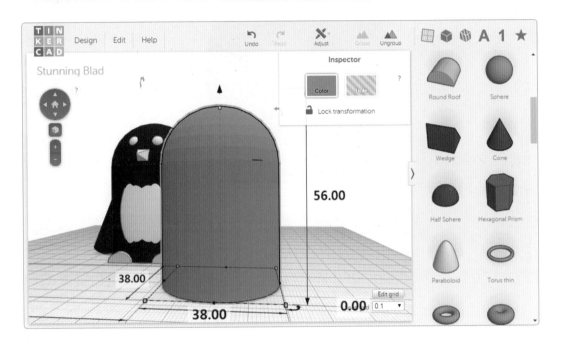

❷ 도형 모음에서 [Box]을 삽입한 후 그림과 같이 크기를 변형합니다.

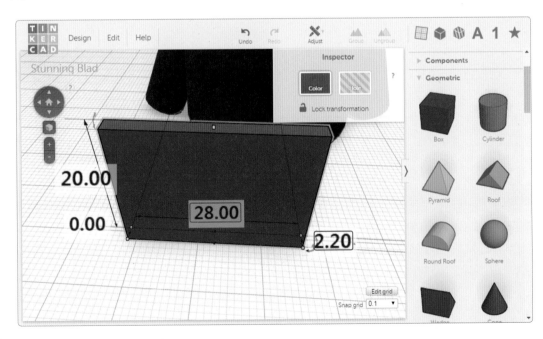

❸ 삽입한 도형을 [Hole] 처리한 후 펭귄과 함께 선택해 [Align] 메뉴로 정렬시키고 [Group] 메뉴를 클릭합니다.

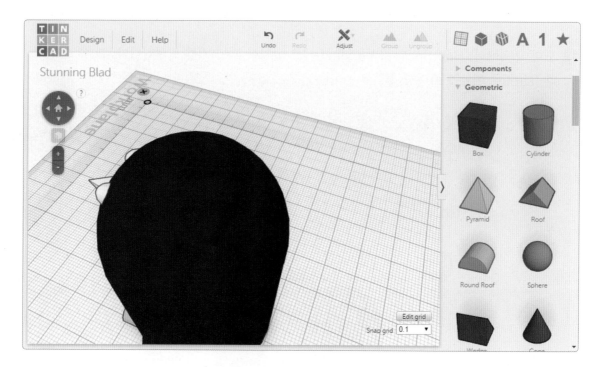

1 그림과 같이 저금통을 꾸며보세요.

2 그림과 같이 저금통을 꾸며보세요.

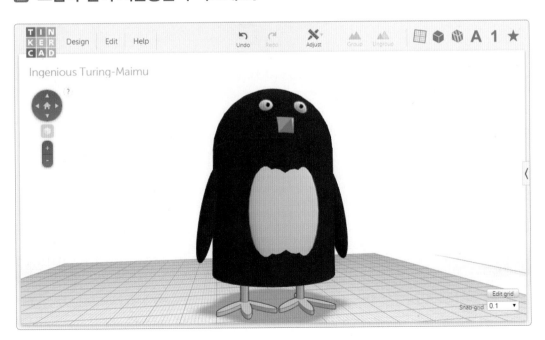

22 피규어 만들기

도형을 조합해 피규어를 만드는 법을 배워봅시다. 애니메이션에서만 보던 주인공을 직접 만들어 봅시다.

학 습 목 표

- ✔ 도형을 삽입하고 변형하여 피규어을 만들 수 있습니다.
- ✔ 완성한 모양의 피규어를 움직여 멋진 포즈를 취할 수 있습니다.

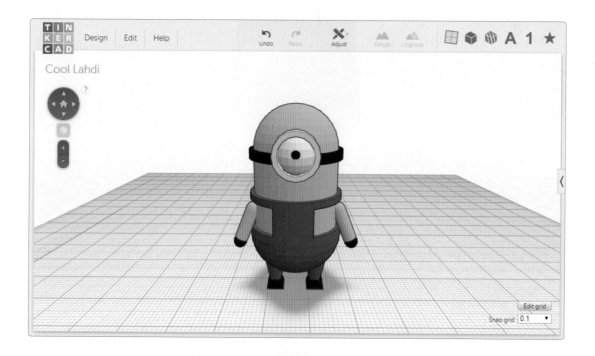

한 걸음 더

- 도형을 삽입하고 크기를 변경하여 애니메이션 피규어를 만들 수 있습니다.
- 고리를 만들어 열쇠고리로도 만들 수 있습니다.

① 몸통 만들기

❶ 도형 모음에서 [Sphere]와 [Cylinder]를 삽입한 후 그림과 같이 이동합니다.

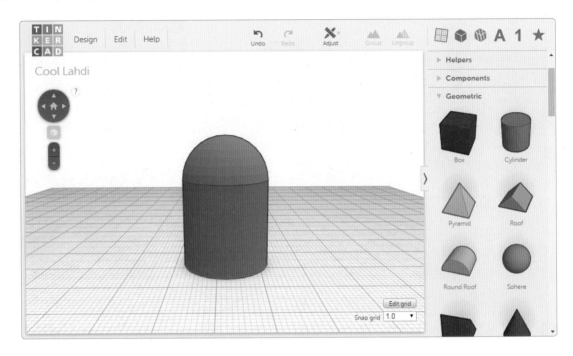

❷ 도형 모음에서 [Half Sphere]와 [Cylinder]를 삽입한 후 그림과 같이 크기를 변경합니다.

([Half Sphere] : 가로 : 22mm , 세로 : 22mm, 높이 : 10mm)

([Cylinder] : 가로 : 22mm , 세로 : 22mm, 높이 : 10mm)

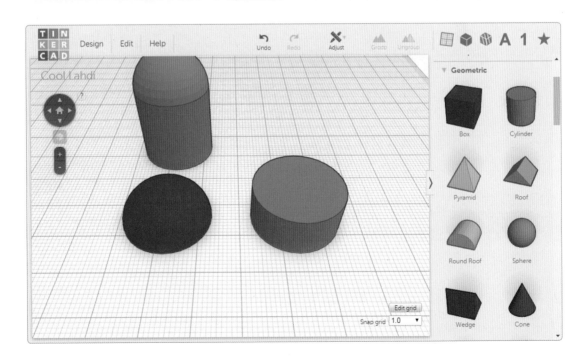

❸ 그림과 같이 이동하고 도형 모음에서 [Box]를 삽입한 후 그림과 같이 크기를 변경합니다.

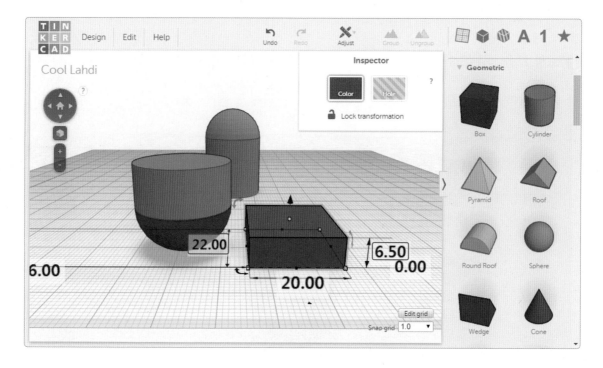

❹ [Box] 도형을 [Hole] 처리한 후 복사하여 그림과 같이 이동합니다. 그 후 [Group] 메뉴를 클릭합니다.

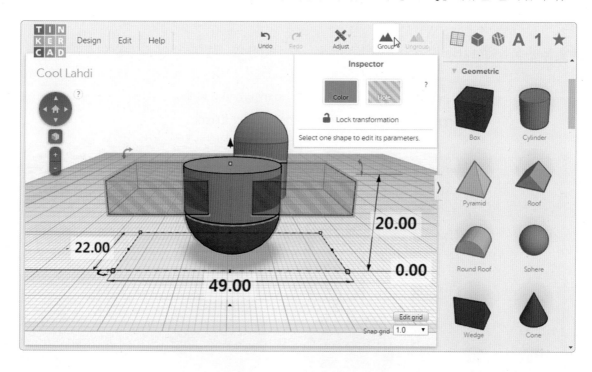

❺ 그림과 같이 색상을 변경하고 도형을 전체 선택한 후 이동합니다. 그 후 [Group] 메뉴를 클릭합니다.

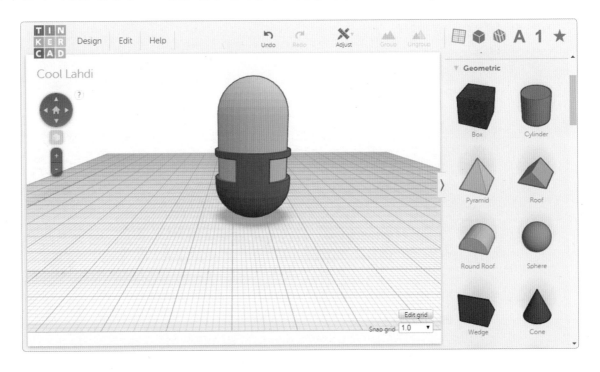

❻ 도형 모음에서 [Tube thin]을 삽입한 후 바닥에서 '28.00mm' 띄우고 그림과 같이 크기를 변경합니다.

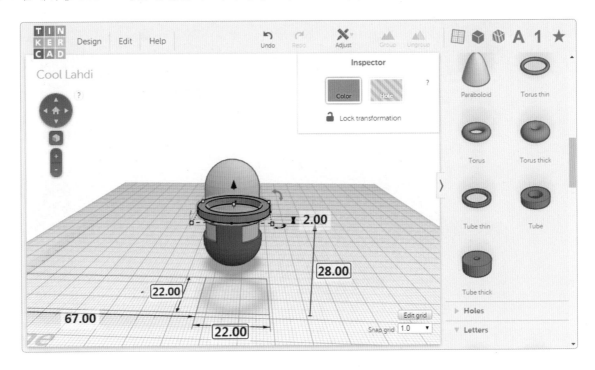

❼ 도형 모음에서 [Tube thin]을 삽입한 후 바닥에서 '25.00mm' 띄우고 그림과 같이 크기를 변경합니다.

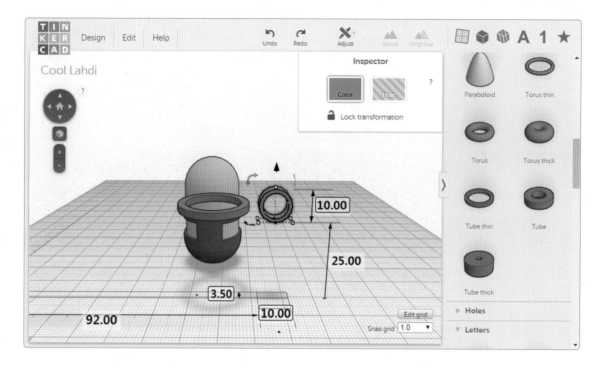

❽ 그림과 같이 색상을 변경하고 도형을 전체 선택한 후 이동합니다. 그 후 [Group] 메뉴를 클릭합니다.

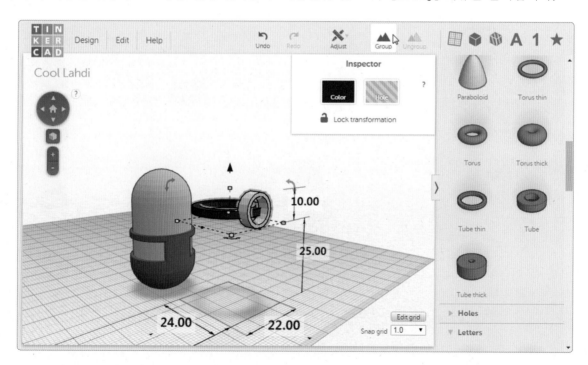

❾ 도형 모음에서 [Sphere] 2개를 삽입한 후 그림과 같이 크기를 변경합니다.

([Sphere] : 가로 : 8mm , 세로 : 8mm, 높이 : 8mm)

([Sphere] : 가로 : 2mm , 세로 : 2mm, 높이 : 2mm)

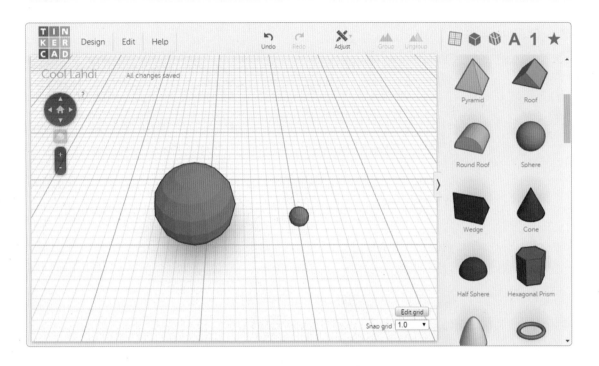

❿ 그림과 같이 색상을 변경하고 도형을 전체 선택한 후 이동합니다. 그 후 [Group] 메뉴를 클릭합니다.

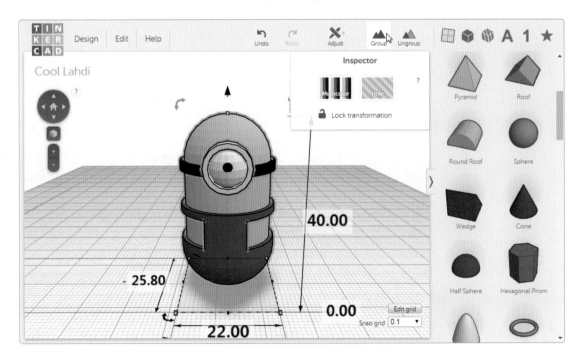

❶ 도형 모음에서 [Sphere] 2개와 [Cylinder]를 삽입한 후 크기를 변경합니다. 그 후 그림과 같이 색상을 변경하고 [Group] 메뉴를 클릭합니다.

([Sphere] : 가로 : 3mm , 세로 : 3mm, 높이 : 3mm)X2
([Cylinder] : 가로 : 3mm , 세로 : 3mm, 높이 : 8mm)

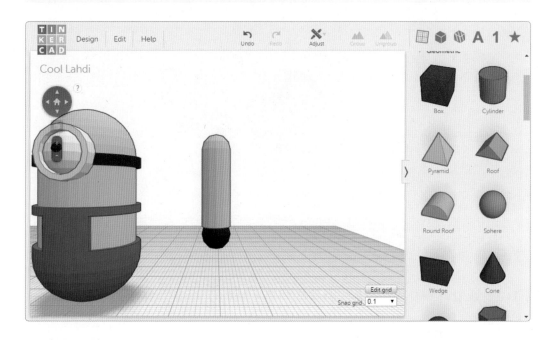

❷ 그림과 같이 회전하고 복사한 후 몸통과 함께 선택해 [Group] 메뉴를 클릭합니다.

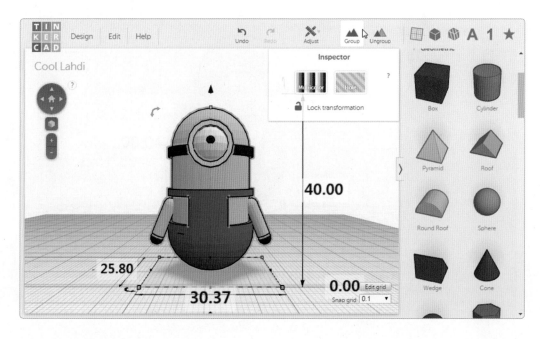

❸ 도형 모음에서 [Paraboloid]와 [Round roof]를 삽입한 후 크기를 변경합니다. 그 후 그림과 같이 색상을 변경하고 [Group] 메뉴를 클릭합니다.

([Paraboloid] : 가로 : 5mm , 세로 : 5mm, 높이 : 7mm)

([Round roof] : 가로 : 4mm , 세로 : 4mm, 높이 : 2mm)

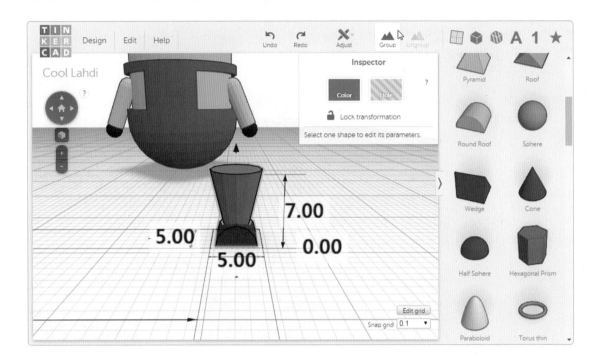

❹ 다리 도형을 복사한 후 그림과 같이 이동하고 [Group] 메뉴를 클릭합니다.

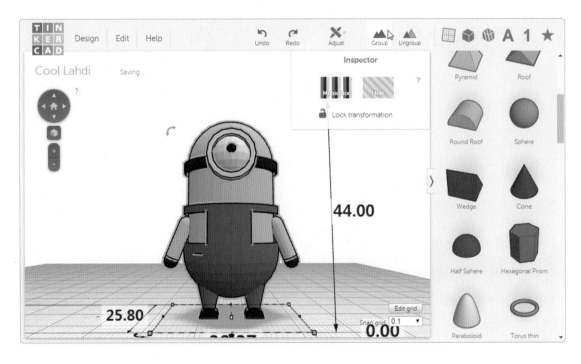

1 그림과 같이 피규어를 꾸며보세요.

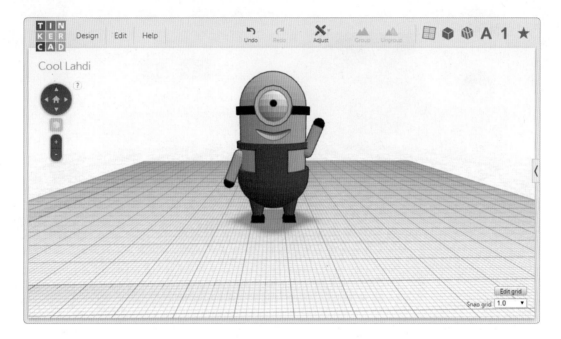

2 그림과 같이 피규어를 꾸며보세요.

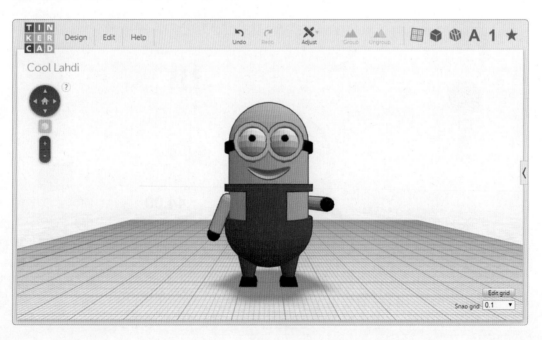

23 손거울 만들기

도형을 조합해 손거울을 만드는 법을 배워봅시다. 편하게 가지고 다닐 수 있는
접이식 손거울을 만들어 봅시다.

학 습 목 표

✅ 도형을 삽입하고 [Hole]메뉴를 이용하여 손거울을 만들 수 있습니다

✅ 도형을 삽입해 접이식 손거울의 뚜껑을 만들 수 있습니다.

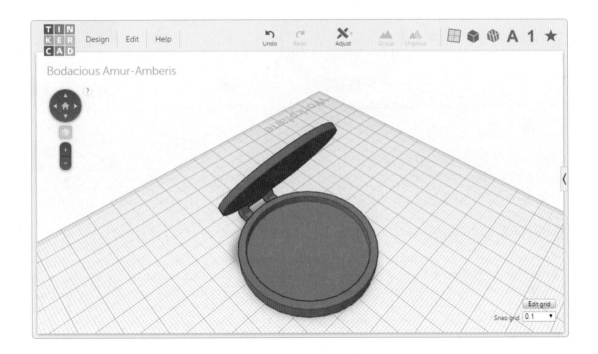

한걸음 더

● 도형을 삽입하고 [Hole] 메뉴를 이용해 접이식 손거울을 만들 수 있습니다.

● 손거울에 여러 가지 도형을 삽입해 꾸밀 수 있습니다.

1 도형 모음에서 [Cylinder]를 삽입한 후 그림과 같이 크기를 변경합니다.

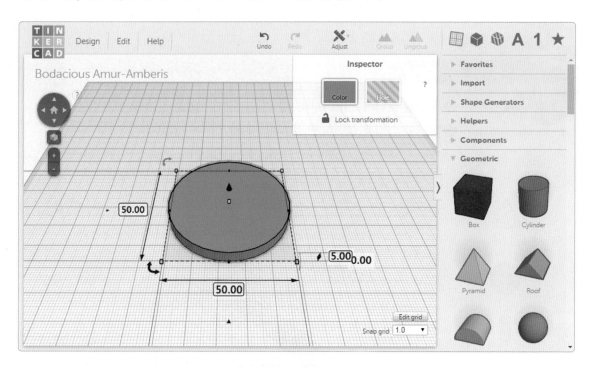

2 도형을 복사한 후 그림과 같이 크기를 변경합니다.

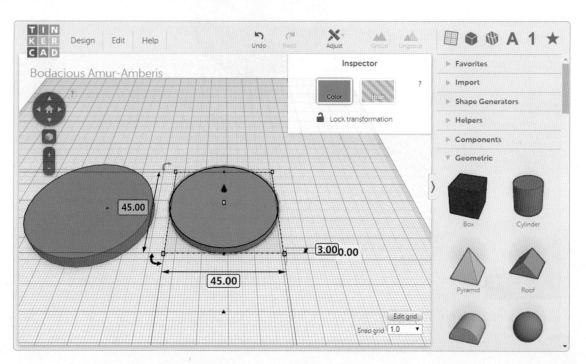

❸ 복사한 도형을 [Hole] 처리한 후 그림과 같이 이동하고 [Group] 메뉴를 클릭합니다.

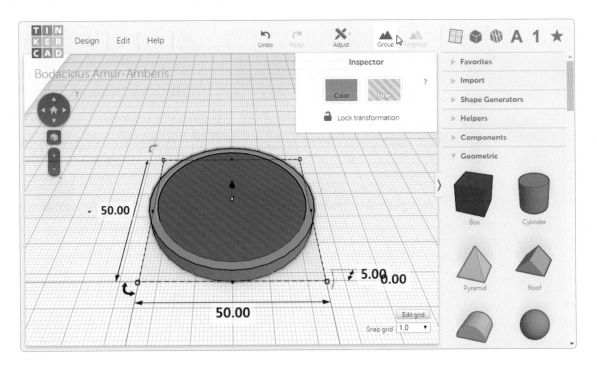

❹ 도형 모음에서 [Box]를 삽입한 후 그림과 같이 크기를 변경합니다.

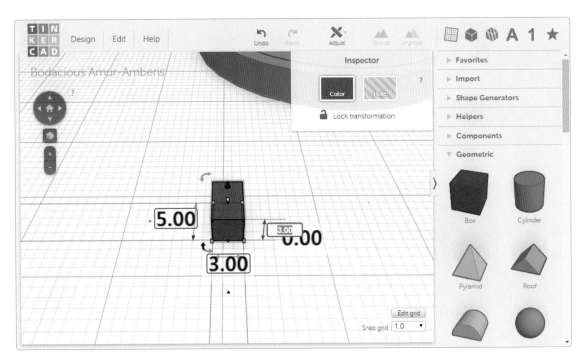

❺ 도형 모음에서 [Cylinder]를 삽입한 후 그림과 같이 크기를 변경합니다.

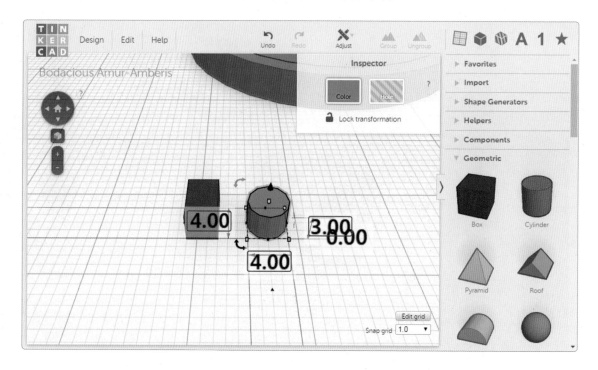

❻ 그림과 같이 이동한 후 [Group] 메뉴를 클릭합니다.

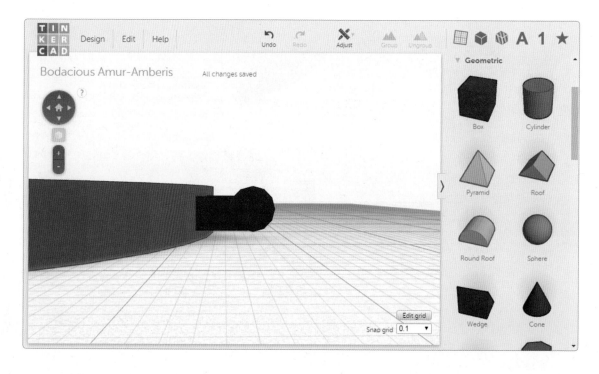

❼ 도형 모음에서 [Box]를 삽입한 후 크기를 변경합니다. 그림과 같이 이동한 후 [Group] 메뉴를 클릭합니다.

([Box] : 가로 : 3mm , 세로 : 4mm, 높이 : 3mm)

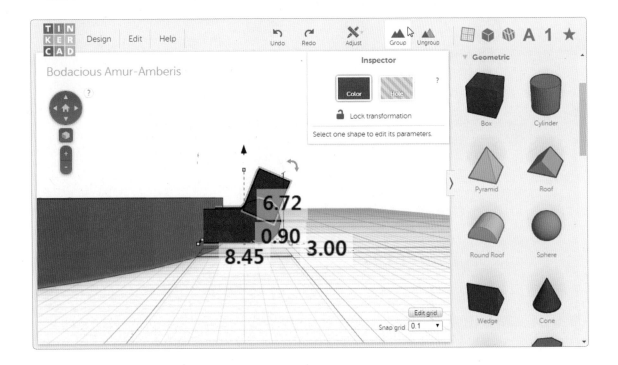

❽ 도형을 복사해 그림과 같이 이동하고 전체 선택한 후 [Group] 메뉴를 클릭합니다.

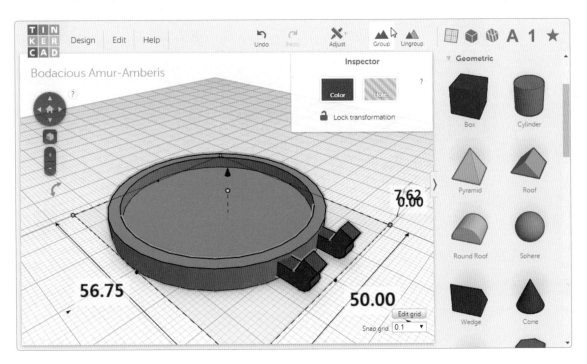

❾ 도형 모음에서 [Cylinder]를 삽입한 후 그림과 같이 크기를 변경합니다.

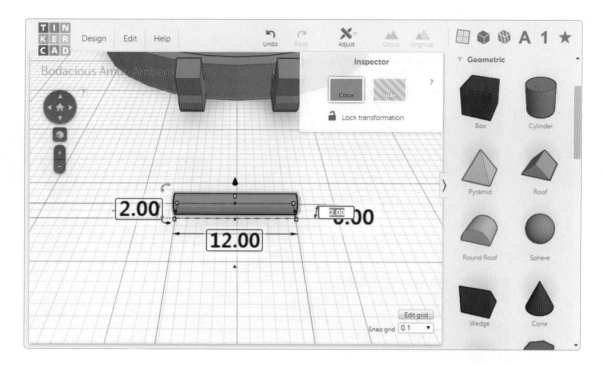

❿ 삽입한 도형을 [Hole] 처리한 후 그림과 같이 이동합니다. 그 후 [Group] 메뉴를 클릭합니다.

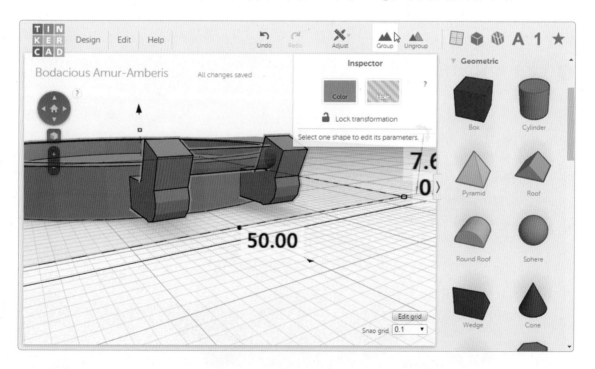

2 뚜껑 만들기

① 도형 모음에서 [Cylinder]를 삽입한 후 그림과 같이 크기를 변경합니다.

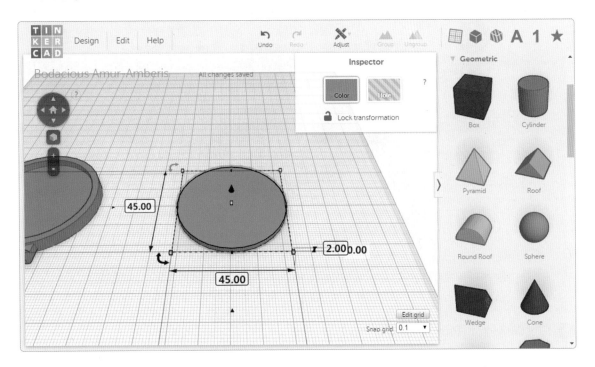

② 도형 모음에서 [Box]를 삽입한 후 그림과 같이 크기를 변경합니다.

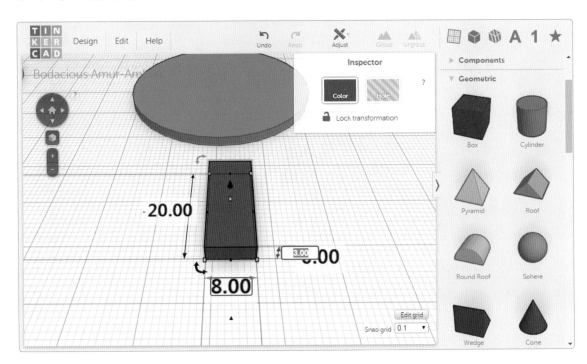

❸ 그림과 같이 이동한 후 [Group] 메뉴를 클릭합니다.

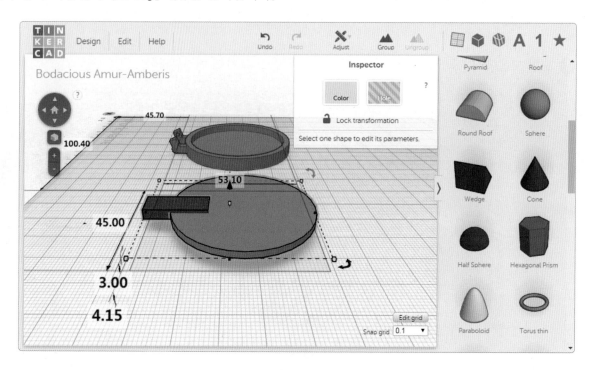

❹ 도형 모음에서 [Paraboloid]를 삽입한 후 그림과 같이 크기를 변경합니다.

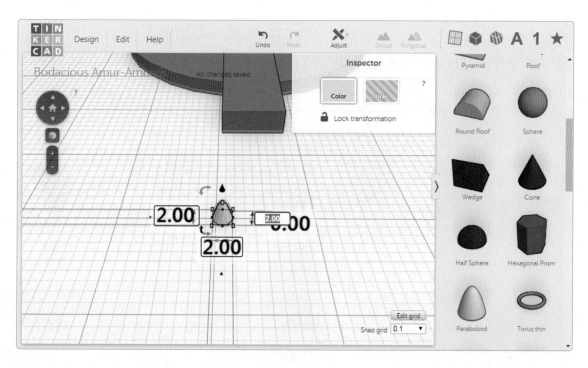

❺ 삽입한 도형을 복사한 후 그림과 같이 이동합니다.

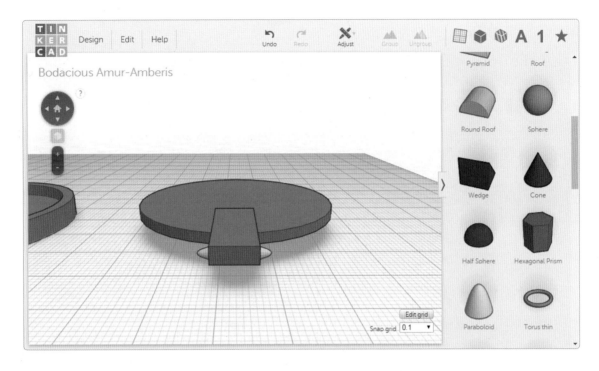

❻ 뚜껑 도형을 선택한 후 [Group] 메뉴를 클릭합니다.

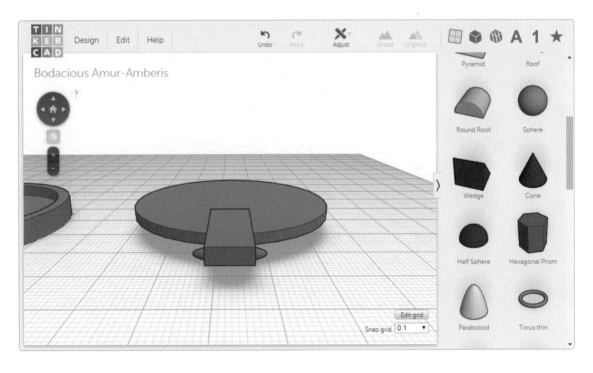

1 그림과 같이 손거울을 꾸며보세요.

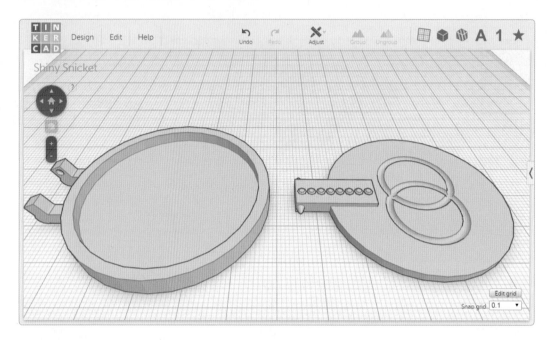

2 그림과 같이 손거울을 꾸며보세요.

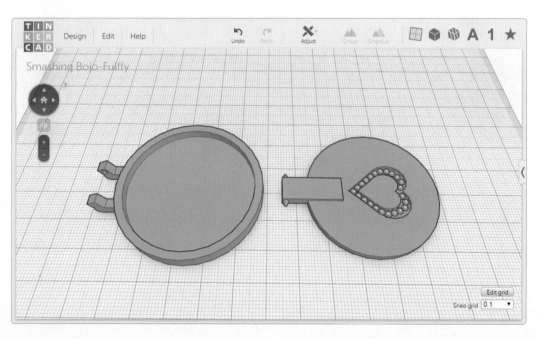

24 드론 만들기

도형을 조합해 드론을 만드는 법을 배워봅시다. 하늘을 자유자재로 날아다니는 드론을 내손으로 만들어 봅시다.

학 습 목 표

- ✅ 도형을 삽입하고 변형하여 드론을 만들 수 있습니다
- ✅ [Shape Generators]메뉴를 사용해 프로펠러를 만들 수 있습니다.

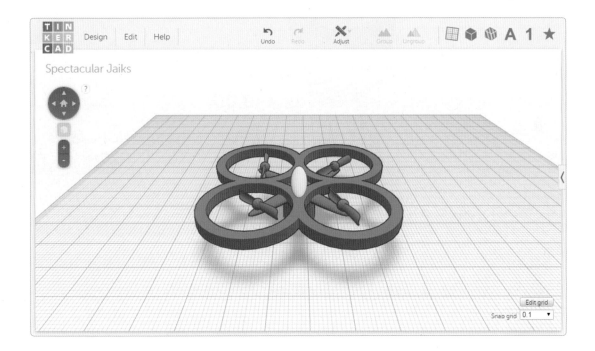

한 걸음 더

- 도형을 조합해 하늘을 자유자재로 날아다는 드론을 만들 수 있습니다.
- 프로펠러를 따로 만들어 회전시킬 수 있습니다.

❶ 도형 모음에서 [Cylinder]를 삽입한 후 그림과 같이 크기를 변경합니다.

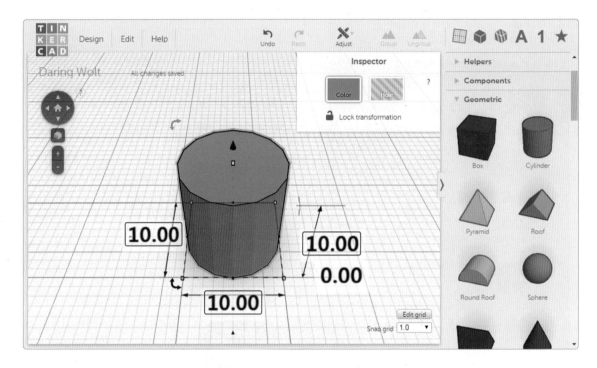

❷ 도형 모음에서 [Sphere]를 삽입한 후 그림과 같이 크기를 변경합니다.

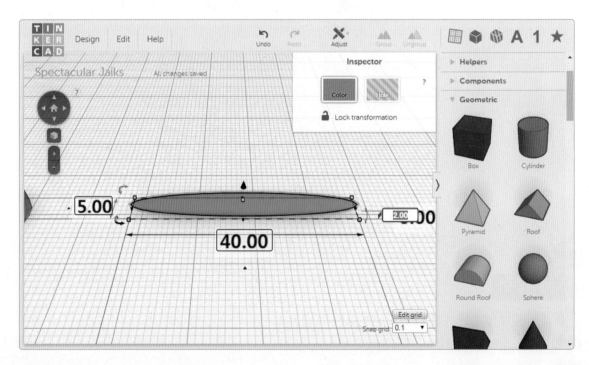

❸ 삽입한 도형을 복사한 후 그림과 같이 이동하고 [Group] 메뉴를 클릭합니다.

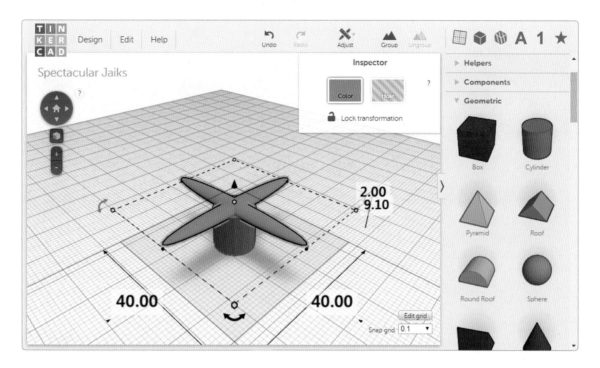

❹ 도형 모음에서 [Tube thin]을 삽입한 후 그림과 같이 크기를 변경합니다.

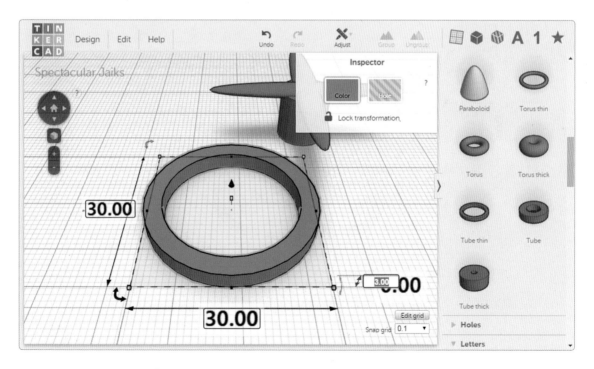

❺ 삽입한 도형을 그림과 같이 이동합니다.

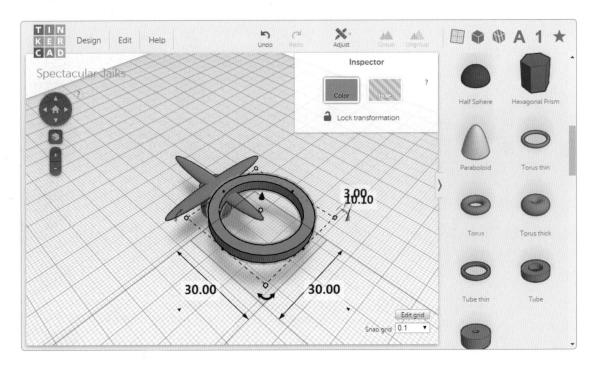

❻ 도형을 복사한 후 그림과 같이 배치합니다. 그 후 [Group] 메뉴를 클릭합니다.

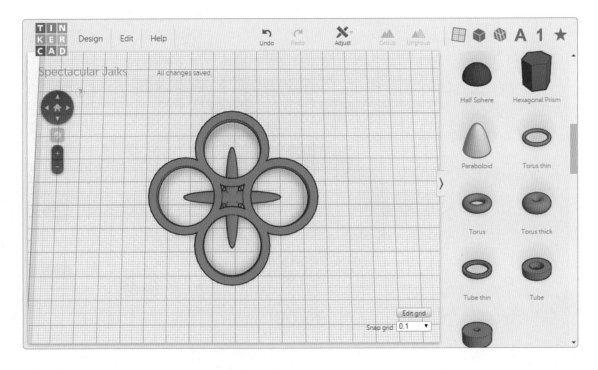

❼ 도형 모음에서 [Sphere]를 삽입한 후 그림과 같이 크기를 변경합니다.

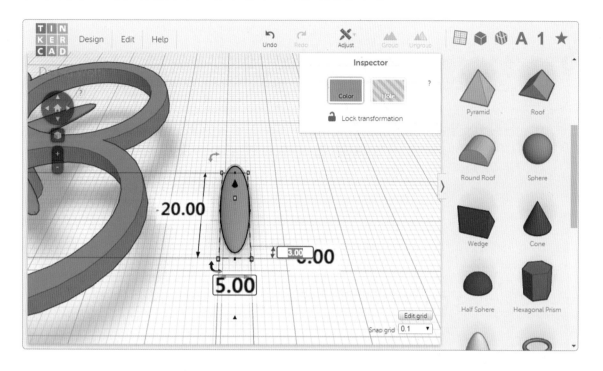

❽ 삽입한 도형의 색을 변경하고 그림과 같이 배치한 후 [Group] 메뉴를 클릭합니다.

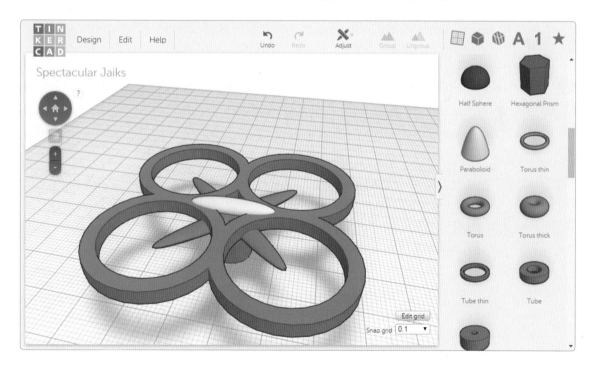

❷ 날개 만들기

❶ 도형모음에서 도형 모음에서 [Shape Generators]-[Your Shape Generators]-[New Shape
Generators] 클릭해 [Banana]를 삽입한 후 그림과 같이 크기를 변경합니다.

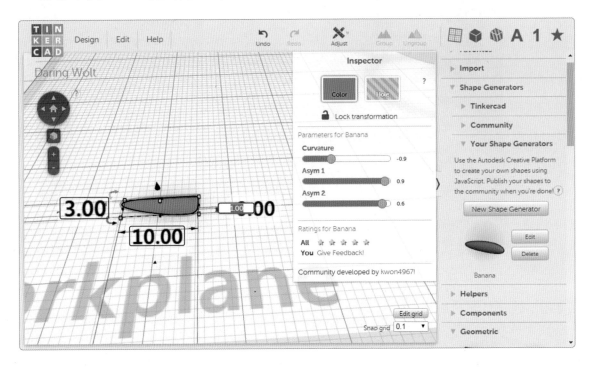

❷ 도형 모음에서 [Sphere]를 삽입한 후 그림과 같이 크기를 변경합니다.

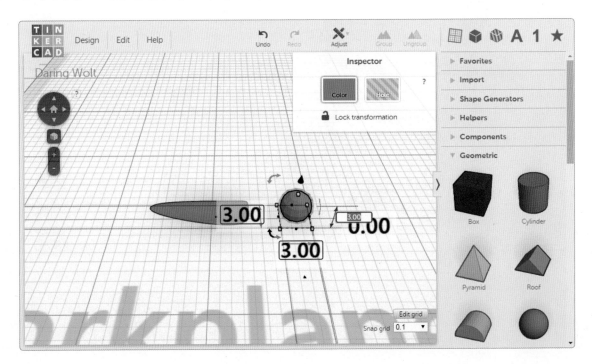

❸ 날개 모양 도형을 복사해 [Mirror] 메뉴를 이용하여 반전합니다. 그 후 그림과 같이 배치하고 [Group] 메뉴를 클릭합니다.

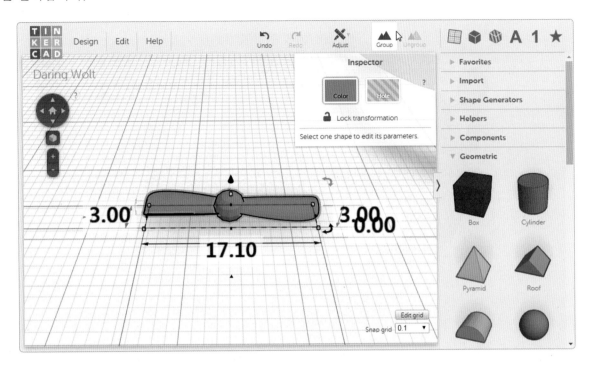

❹ 도형 모음에서 [Cylinder]를 삽입한 후 그림과 같이 크기를 변경합니다.

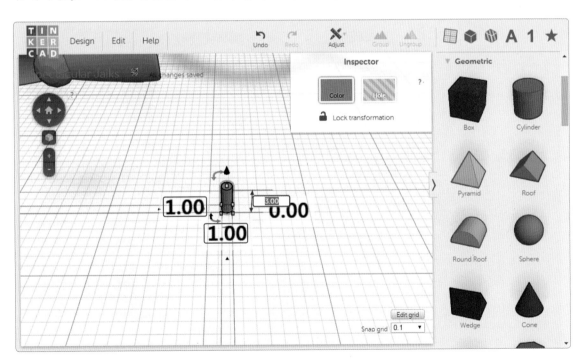

❺ 삽입한 도형을 복사한 후 [Hole] 처리하여 그림과 같이 이동합니다. 그 후 [Group] 메뉴를 클릭합니다.

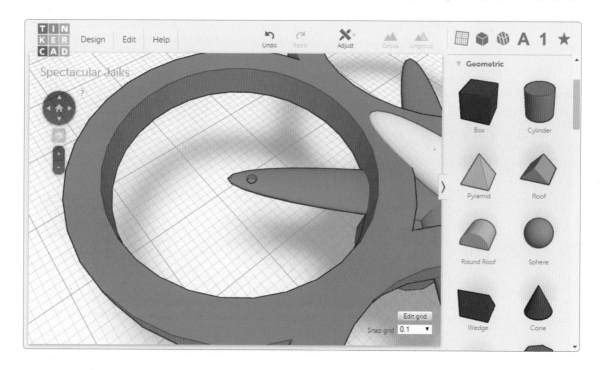

❻ 남은 3곳에도 똑같은 방법으로 구멍을 뚫습니다.

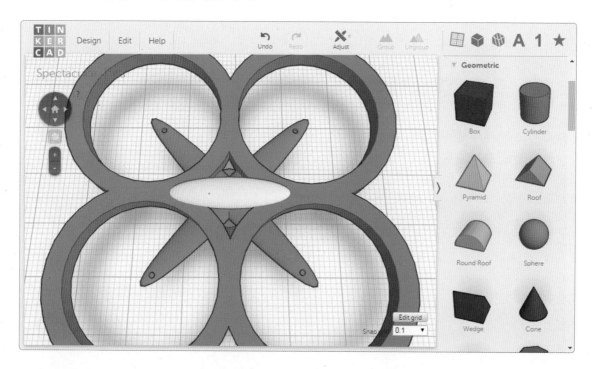

❼ 그림과 같이 날개를 완성합니다.

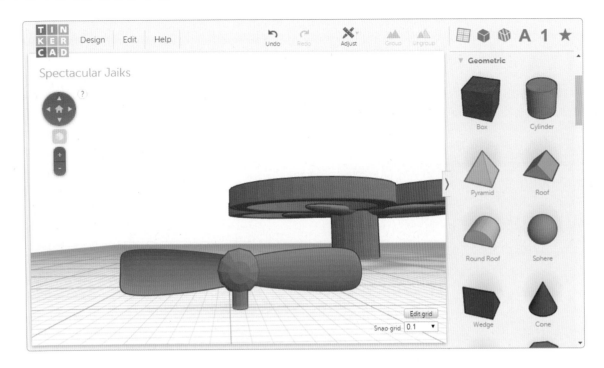

❽ 날개를 복사하여 4개로 만듭니다.

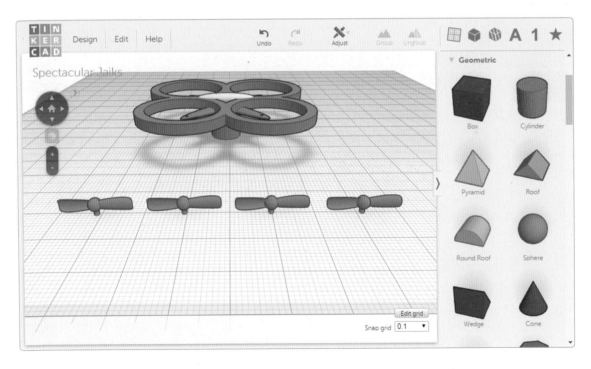